"어린이" 토론학교

어린이 토론학교 도덕과 생활

초판 1쇄 펴낸날	2016년 2월 25일
초판 7쇄 펴낸날	2022년 11월 18일

글	김지은 권이은
그림	이다
펴낸이	홍지연
편집	홍소연 고영완 전희선 조어진 서경민
디자인	전나리 박태연 박해연　**디자인 & 아트디렉팅**　정은경
마케팅	강점원 최은 신종연
경영지원	정상희 곽해림

펴낸곳	㈜우리학교
출판등록	제313-2009-26호(2009년 1월 5일)
주소	04029 서울시 마포구 동교로12안길 8
전화	02-6012-6094
팩스	02-6012-6092
홈페이지	www.woorischool.co.kr
이메일	woorischool@naver.com

ⓒ 김지은, 권이은, 2016
ISBN 979-11-87050-02-5 74100
ISBN 979-11-87050-01-8 74080(세트)

- 책값은 뒤표지에 적혀 있습니다.
- 잘못된 책은 구입한 곳에서 바꾸어 드립니다.
- 본문에 포함된 사진 및 통계, 인용문 등은 가능한 한 저작권과 출처 확인 과정을 거쳤습니다. 그 외 저작권에 관한 문의 사항은 도서출판 우리학교로 연락 주시기 바랍니다.

"어린이" 토론학교

도덕과 생활

틀려도 괜찮아. 네 생각을 말해 봐

글 김지은 권이은
그림 이다

우리학교

어린이 토론학교에

어린이 여러분, 반갑습니다.

준비물은 잘 챙겨 오셨나요?
연필과 메모지에다 시계까지 챙겨 온 친구들도 있군요.
그런데 가장 중요한 것이 빠져 있네요.
바로 '여러분의 입장'입니다.

토론은 세상에 질문을 던지는 일입니다.
무엇이 옳고 그른지 질문을 던지고 질문이 타당한지 따져 가는 과정입니다.
어디선가 들었던 말, 막연하게 알고 있던 생각만으로는 어렵습니다.
문제집에 나와 있는 정답과 해설을 외우는 것도 별 도움이 되지 않습니다.

내 생각이 맞을까 틀릴까 걱정하지 마세요.
다른 사람이 어떻게 생각하나 눈치 보지 마세요.

오신 것을 환영합니다

여기 『어린이 토론학교』의 안내를 따라 찬성과 반대의 숲을 통과한 다음
스스로의 힘으로 생각을 해 보고 나만의 입장을 찾아봅시다.

내 입장이 정해지면 다른 사람의 입장도 이해할 수 있습니다.
자기 생각이 없을 때 우리는 무조건 방어하고 공격하게 됩니다.
논리적으로 내 입장을 세울 수 있게 되면
다른 사람의 생각에도 진심으로 공감할 수 있습니다.

이제 『어린이 토론학교』에서
내 힘으로 생각하는 법,
내 목소리로 말하는 법을 배워 봅시다.
정답을 찾는 공부가 아니라
질문을 던지는 공부를 시작해 봅시다.

틀려도 괜찮습니다.
여러분의 생각을 당당하게 말해 보세요.

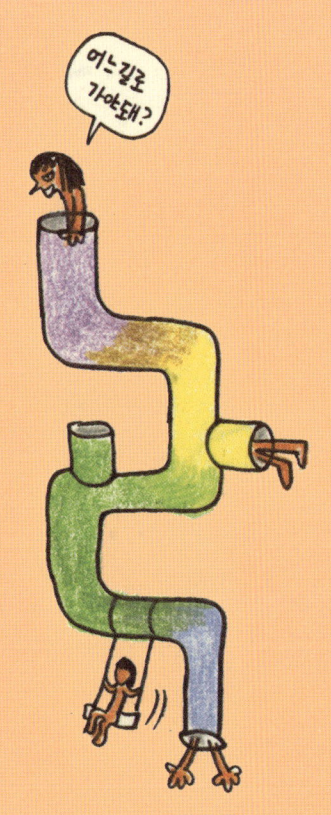

이 책은 이렇게 구성되어 있어요

2. 찬성과 반대
: 나란히 제시된 찬성 글과 반대 글이
생각의 균형을 키워 줘요

논제에 대해 찬성 글과 반대 글이 나란히 제시되었어요.
어정쩡한 절충이나 타협은 없습니다.
단호한 "그래!"와 "아니야!"만 있을 뿐이지요.
차례로 읽어 나가다 보면 여러분 머릿속에
생각의 불씨가 지펴질 거예요.

1. 생각열기
: 재미있는 이야기로
토론의 실마리가 잡혀요

생활 속에서 일어난 이야기를 통해
토론의 실마리를 제시했어요.
재미있는 그림을 보면서 이야기를 읽고 난 뒤
물음에 간단히 답해 보세요.

찬성 글과 반대 글을 읽을 때에는
"왜?"라는 질문을 던지면서 글을 읽어 보세요.
예를 들어 논제가 "시험을 보아야 할까?"라면
먼저 "왜 시험을 보아야 하지?"라고 질문을 던진 다음,
"시험을 보면 수준을 알 수 있다고? 왜?"
"시험이 실력을 향상시켜 준다고? 왜?" 하고
계속 질문을 던지며 어떻게 답이 나와 있는지 찾아보세요.

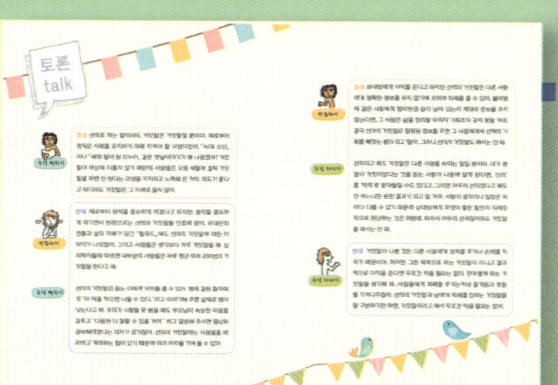

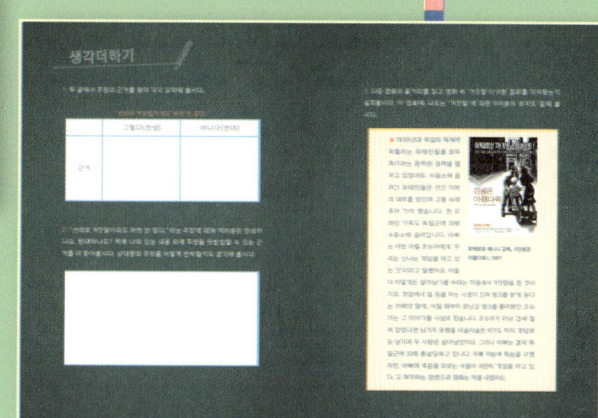

3. 토론톡
; 실제로 토론하는 모습을 보면서
　주장하고 반박하는 방법을 배울 수 있어요

찬성과 반대 입장으로 나뉘어 토론하는 모습이
나와 있어요.
"찬성 주장 → 반대 반박 → 반대 주장 → 찬성 반박"
의 순서로 두 사람이 주장과 반박을 반복하고 있어요.
자기 주장은 어떻게 펼쳤는지
상대편 주장에 어떻게 반박을 하고 있는지
살펴보세요.

4. 생각더하기
; 자신의 입장을 세우면서
　생각을 넓혀 갈 수 있어요

글에 나타난 근거를 정리한 뒤
자신의 입장을 세워 보는 활동이 반복됩니다.
글에 나와 있지 않은 근거를 더 찾아보면서
자신의 주장을 더 탄탄하게 만들어 보세요.
마지막에 제시된 재미있고 다양한 활동은
여러분의 생각을 더욱 넓혀 줄 거예요.

♣ 교과서와 함께 봐요
*교과 연계표는 131쪽에 이어집니다.

과목	학년	단원명
국어	5-1	5. 글쓴이의 주장
국어	5-1	6. 토의하여 해결해요
국어	5-2	3. 의견을 조정하며 토의해요
국어	5-2	6. 타당성을 생각하며 토론해요
국어	6-1	4. 주장과 근거를 판단해요

"어린이와 함께 이 책을 읽는 학부모, 선생님께"

왜 우리 아이들은 공부에 흥미가 없을까요? 어른들이 던진 질문에 답을 찾는 공부만을 하고 있기 때문은 아닐까요? 어른들이 낸 문제의 답을 찾는 공부를 하게 되면 자신이 찾은 답이 어른들의 기대에 맞을까 걱정하고 정답을 빨리 알아내려고만 하게 됩니다. 높은 점수나 어른들의 칭찬이 이러한 공부의 대가로 주어지겠지요. 칭찬이나 점수와 같은 보상이나 어른들의 강제가 없다면 정답을 찾는 공부를 계속하는 아이들은 거의 없을 것입니다.

질문은 아이들 스스로 던지는 것입니다. 세상에 대한 궁금증 때문에, 궁금해서 견딜 수가 없으면 "왜? 어째서?" 하고 질문이 생깁니다. 질문에 대한 답을 찾을 수도 있고 찾지 못할 수도 있지만, 답을 찾아가는 과정에서 다른 사람들의 의견도 만나고 새로운 사실도 깨닫게 됩니다. 질문을 던지는 데서 시작하는 공부는 진정으로 즐거운 공부일 것입니다.

토론이야말로 질문을 던지는 일입니다. 옳은지 그른지 질문을 던지고 그 타당성을 따져 가는 과정이 바로 토론입니다. 토론에 참여하는 사람들은 누구나 질문을 던지고 그 질문에 대한 답을 찾아 나갑니다. 그 과정에서 다른 질문들을 무수히 만나게 되겠지요. 그러면서 공부라는 것이 무수한 질문의 연속이라는 것을 알게 됩니다.

토론이 끝나도 마찬가지입니다. 토론이 끝난다고 해도 여전히 많은 질문이 남아 있다는 사실을 알게 될 것입니다. 우리가 알고 있는 진실이나 결론은 항상 잠정적인 것일 뿐입니다. 여전히 우리가 사는 세상은 알 수 없는 것들로 가득

차 있습니다.

　알 수 없는 세상에 대해 조금씩 질문을 던져 앎의 세계를 넓혀 가는 과정이야 말로 우리가 삶을 살아가는 참된 의미이겠지요. 앎의 기쁨을 모르는 삶과 그러한 기쁨을 누리는 삶은 하늘과 땅 차이만큼 다를 것입니다. 토론은 진정으로 공부하는 세계, 앎의 기쁨을 누리는 세계로 우리 아이들을 이끌어 갈 것입니다.

이렇게 지도해 주세요

- 혼자서 읽기보다 친구들과 함께 읽고 생각을 나누는 것이 더 좋습니다.
- 하나의 논제에 대해 찬성과 반대 입장이 나란히 실려 있습니다. 찬성 글과 반대 글을 통해 논거를 구성하는 방법을 배우도록 해 주세요. 주장을 어떻게 입증하고 있는지, 근거는 어디에서 찾았는지 살펴보면서 읽도록 해 주세요.
- 찬성 글과 반대 글의 마지막 부분에는 '반론'을 제시하였습니다. 반박을 할 때에는 상대편이 주장한 내용에 대해서 반박을 해야 하며 새로운 내용을 주장하지 말아야 한다는 것도 알게 해 주세요.
- 찬성 글과 반대 글이 모두 설득력 있게 제시되어 있기에 글을 읽고 난 뒤에 생각의 혼란을 느낄 수 있습니다. 생각이 복잡해지는 것이 자연스러운 일임을 알려 주시고 각각의 입장에 타당한 점이 있음을 인정하는 마음가짐이 토론의 출발이라는 것도 말씀해 주세요.
- 이 책에 실려 있는 논제로 토론을 진행할 경우에는 먼저 글을 읽고 난 뒤 '생각더하기'에 제시된 두 가지 질문에 답을 하면서 토론을 준비하도록 하세요. 토론이 끝난 뒤에는 '생각더하기'의 나머지 활동을 함께하면서 사고를 확산시키도록 해 주세요.
- 책에 나와 있는 근거를 그대로 토론에 사용할 경우 자신의 말로 재구성해서 사용할 수 있도록 지도해 주세요.

어린이 토론학교에 오신 것을 환영합니다 -- 4
어린이와 함께 이 책을 읽는 학부모, 선생님께 -- 8

1 외모가 중요할까?

그래! 사람은 외모가 중요해 -- 16

아니야! 사람에게 외모는 중요하지 않아 -- 24

2 선의의 거짓말을 해도 될까?

그래! 선의의 거짓말은 해도 돼 -- 42

아니야! 선의의 거짓말을 해서는 안 돼 -- 50

3 욕설을 사용해도 될까?

그래! 욕설을 사용해도 돼 -- 64

아니야! 욕설을 사용하면 안 돼 -- 71

··차례··

4 어떤 경우에도 원칙은 지켜야 할까?

그래! 어떤 경우에도 원칙을 지켜야 해 -- 86

아니야! 경우에 따라 원칙을 지키지 않아도 돼 -- 93

5 친구의 잘못을 선생님께 말씀드려도 될까?

그래! 친구의 잘못을 선생님께 말씀드려도 돼 -- 108

아니야! 친구의 잘못을 선생님께 말씀드리면 안 돼 -- 116

토론 한눈에 보기 -- 128
교과서와 함께 봐요 -- 131
참고 자료 -- 132

외모가 중요할까?

"

그래!
사람은 외모가 중요해

아니야!
사람에게 외모는 중요하지 않아

"

생각
열기

　미소 초등학교의 안예뻐와 왕미인은 서로 단짝 친구예요. 평소처럼 둘은 함께 학교 앞 분식점에서 떡볶이와 어묵을 먹고 있었어요. "미인아, 너는 어떻게 점점 예뻐지니? 네 얼굴을 보고 있으면 정말 기분이 좋아져. 미인이는 예쁘니까 어묵 한 개 더 줘야겠다."라고 말씀하시면서 분식집 아주머니께서 어묵을 하나 더 주셨어요.
　왕미인은 안예뻐에게 어묵을 나누어 주었어요. 어묵을 먹으면서 안예뻐는 어쩐지 점점 기분이 나빠졌어요. 그래서 왕미인에게 불만을 털어놓았어요.
　"왜 얼굴이 더 예쁜 사람은 어묵을 공짜로 먹을 수 있는 거지? 생각해 보면 나보다 네게 더 친절한 사람들이 많은 것 같아. 친구들도 나보다는 너하고 모둠을 하고 싶어 하기도 하고, 놀이에도 더 잘 끼워 주잖아. 서로 잘 모르는 3월에 반장 선거를 하면 너 같이 예쁘거나 잘생긴 애들이 반장이 되는 일이 많단 말이지. 이런 거, 너무 불공평하지 않니?"
　안예뻐의 말에 왕미인은 이렇게 대답했어요.
　"나는 예쁘게 하고 다니려고 아침에 일찍 일어나서 머리도 신경 써서 하고, 옷도 늘 멋진 것으로 골라 입고 열심히 꾸미고 있어. 사람들이 나를 더 좋아하는 건 내가 그만큼 노력을 하기 때문이야. 그리고 사람들은 누구나 예쁘고 아름다운 걸 좋아해. 그러니 불평만 말고 너도 좀 더 부지런히 외모를 가꾸는 게 어때?"

1. 안예뻐와 왕미인의 말 중에 더 공감이 가는 말은 누구의 말인가요?

2. 생활하면서 외모가 중요하다는 생각을 해 본 적이 있나요? 그렇다면 언제 그런 생각을 했는지 말해 봅시다.

"그래, 사람은 외모가 중요해"

외모는 사람을 평가하는 중요한 기준이야

　외모는 겉으로 드러나 보이는 모습을 뜻해요. 그리고 이러한 외모는 사람을 평가하는 중요한 기준이 됩니다. 겉으로 드러난 모습은 그 사람에 대해 많은 것을 말해 주지요. 얼굴, 표정, 몸매, 옷차림 등을 보면 그 사람이 어떤 사람인지를 알 수 있어요.

　잘 웃는 사람은 마음이 따뜻한 사람이라는 것을 나타내고, 언제나 찌푸린 표정으로 이야기하는 사람은 매사에 불만이 많은 사람이라는 것을 드러냅니다. 깔끔하고 세련된 옷차림은 부지런한 성격에 미적 감각이 있다는 것을 말해 주고, 지저분한 옷차림은 게으른 성격임

을 알게 해 주지요. 멋진 몸매를 가진 사람은 건강관리를 잘하고 있다는 것을, 뚱뚱한 몸매를 가진 사람은 많이 먹고 덜 움직인다는 것을 짐작할 수 있습니다.

내면을 중요하게 여기는 사람들은 외모는 중요하지 않다고 말하지만, 실제로 우리는 외모를 통해서 사람들의 내면을 알 수 있어요. 외모를 통해 내면을 파악할 수 있기에 외모는 사람을 평가하는 중요한 기준이 되는 것입니다.

외모로 사람을 판단하는 것은 오늘날의 일만이 아니에요. 예로부터 사람들은 외모로 사람의 됨됨이를 판단해 왔습니다. 옛말에 '신언

서판'(身言書判)이라는 말이 있어요. 중국 당나라 때 관리를 뽑는 시험에서 인물을 평가할 때 몸(身: 몸 신)·말(言: 말씀 언)·글씨(書: 글 서)·판단(判: 판단할 판)의 네 가지를 보았다고 하지요.

이 중에서도 신(身)이란 사람의 풍채와 용모를 뜻하는 말입니다. 사람을 처음 대할 때 첫 번째 평가 기준이 되는 것으로, 아무리 신분이 높고 재주가 뛰어난 사람이라도 첫눈에 풍채와 용모가 뛰어나지 않을 경우, 정당한 평가를 받지 못하기 쉽다고 했어요. 관리의 첫째 조건은 그 사람의 외모라고 보았던 것이지요. 당나라에서는 네 가지 조건을 모두 갖춘 사람을 으뜸으로 꼽았다고 합니다.

이처럼 예부터 오늘날까지 외모는 사람을 평가하는 중요한 기준이 되어 왔어요. 그렇기에 사람에게 외모는 정말 중요합니다.

아름다운 외모는 사회생활에도 도움이 돼

외모는 어른이 되어서 사회생활을 하는 데에도 중요합니다. 회사에 다니고 있는 어른들 대부분은 외모가 회사 생활에 영향을 준다고 생각해요. 또한 외모를 위해 다이어트도 하고 있대요. 회사에 다니고 있는 성인에게 외모가 직장 생활에 영향을 준다고 생각하는지를 물은 설문 조사에서 86%가 '그렇다.'라고 대답했다고 해요. 또 '올해 들어 다이어트를 한 경험이 있는가?'라는 질문에는 64%가 '있다.'라고 답했다고 합니다.

회사에서 직원을 뽑을 때에도 외모를 중시하고 있어요. 입사 시험을 보는 지원자가 뽑을 만한 사람인지, 이미 뽑은 직원이 맡은 일을 얼마나 훌륭하게 처리하는지를 평가하는 사람을 인사 담당자라고 합니다. 한 채용 정보 업체에 따르면 회사에서 새로운 직원을 뽑을 때 외모가 영향을 미친다고 대답한 인사 담당자가 75%에 달했다고 해요. 광고 대행사에서 13~43세의 여성 200명을 대상으로 전화 조사를 했는데, 응답자의 68%는 외모가 인생의 성공과 실패에 크게 영향을 미치며 78%는 외모 가꾸기가 멋이 아니라 생활의 필수 요소라고 답했다고 해요. 대부분의 사람들이 외모가 사회생활을 하는 데 경쟁력이 된다고 생각하는 것이지요.

회사에서 일을 하는 데 왜 외모가 중요할까요? 외모는 나 자신을 상대방에게 보여 줄 수 있는 가장 빠르고 정확한 수단이기 때문입니다. 일단 외모가 좋으면 좋은 평가를 받을 수 있어요. 외모를 가꾸는 데는 시간과 노력이 필요하니 그만큼 부지런할 수밖에 없고, 나를 어떻게 보여 줄지를 중요하게 여긴다는 것은 사람들과 좋은 관계를 유지하려고 노력하는 사람이라는 것을 보여 주니까요.

다른 회사 직원과의 회의, 물건

을 판매할 때 손님과의 만남 등등 현대 사회에서는 끊임없이 새로운 사람과 만나게 됩니다. 이때 만약 아름다운 외모를 갖고 있다면 상대방에게 호감을 줄 수 있어요. 외모로 형성된 호감은 자신이 맡은 일을 하는 데에 큰 도움이 되지요. 외모를 가꾸는 것은 치열한 경쟁 사회에서 살아남을 수 있는 가장 확실하고 빠른 방법이에요.

따라서 아름다운 외모는 사회생활을 하는 데 매우 중요합니다.

아름다움을 추구하는 것은 사람의 본능이야

아름다움을 추구하는 것은 사람들의 자연스러운 본성이에요. 오른쪽에 있는 고대 그리스의 조각상 〈벨베데레의 아폴론〉은 아폴론이 활을 쏘는 장면을 조각한 것인데, 매끈한 수영 선수의 몸을 보는 듯해요. 〈밀로의 비너스〉 역시 아름답고 완벽한 균형을 가진 몸매를 보여 주고 있습니다.

조선시대 화가 신윤복이 그린 〈미인도〉를 한번 볼까요? 머리는 트레머리라고 하는 가발을 얹어 장식했고 동그랗고 자그마한 얼굴에 다소곳이 솟은 콧날, 아담한 입을 하고 있네요. 옷고름을 수줍은 듯 매만지고 있는 모습이 참 예뻐요. 이러한 작품들만 보아도 예부터 사람들은 인체의 완벽한 아름다움을 추구했다는 것을 알 수 있습니다.

독일의 의사인 울리히 렌츠는 『아름다움의 과학』이라는 책에서 태어난 지 얼마 되지 않은 아기도 예쁜 얼굴을 더 오래 쳐다본다는

(왼쪽부터) 〈벨베데레의 아폴론〉 BC 330년경, 〈밀로의 비너스〉 BC 130~120년경, 신윤복 〈미인도〉 18세기

사실을 알아냈어요. 아름다운 얼굴을 좋아하는 것이 인간의 본능이라는 것을 밝혀낸 것이지요.

이 책에 따르면 우리 눈 뒤쪽에 있는 편도핵이라는 신경 세포가 얼굴을 알아보는 데 중요한 역할을 하는데, 바라보는 대상이 아름다운지 그렇지 않은지를 판단하는 데 걸리는 시간은 단 0.15초라고 합니다. 우리들은 누군가를 바라보자마자 아름다운지 아닌지를 즉시 알아차릴 수 있다는 것이지요. 아름다운 것을 좋아하는 것이 사람의 본성이라는 것은 이처럼 과학적으로도 증명되고 있어요.

사람들이 아름다움을 추구하는 것은 자연스러운 본능이고, 누구나 아름다움을 추구하기 때문에 외모는 중요하지 않을 수 없습니다.

외모 가꾸기는 사회에 이익을 가져다줘

외모가 중요하지 않다고 주장하는 사람들은 외모를 중시하는 분위기 때문에 성형 수술이 많아지고 화장품 등을 많이 사용하는 과소비가 일어나서 문제라고 이야기해요. 그런데 화장품을 많이 사용하고 성형 수술을 하는 것이 문제가 있다고 말할 수 있을까요?

우리나라의 화장품 수출은 지난 10년 동안 6배나 성장했다고 합니다. 한류 열풍을 타고 중국과 동남아시아에 우리나라 화장품을 엄청나게 수출하게 된 것이지요. 2014년도에 화장품 무역으로 우리나라가 벌어들인 이익이 5억 3,000만 달러, 우리 돈으로 5,600억 원이나 된다고 해요.

지금도 서울 명동 거리에는 우리나라 화장품을 사러 온 중국과 일본 관광객들로 북적이는 것을 볼 수 있어요. 또 전 세계 성형 산업 중에 우리나라 성형 산업이 차지하고 있는 비중이 1/4이나 된다고 합니다. 성형을 하러 우리나라에 방문하는 외국인의 수도 급격하게 늘

어나고 있고요. 이 외국인들이 우리나라에 머무는 동안 화장품을 사거나 성형 수술을 하는 것 이외에도 먹고, 이동하고, 잠자는 데에 돈을 지불하게 되니 우리는 더 많은 관광 소득을 기대할 수 있겠지요?

이렇게 여러 산업이 발전하면 우리나라 사람들의 소득도 늘어나고 취직자리도 많아지는 것이니, 외모 가꾸기가 우리 사회에 이익을 가져다준다고 말할 수 있어요.

무리한 다이어트로 건강을 해치거나 심한 성형 수술로 부작용을 겪는 것은 몇몇 사람들의 예일 뿐입니다. 외모를 중요하게 생각하는 사회의 분위기 덕분에 미용 산업, 의류 산업, 성형 산업, 관광 산업 등이 발전하고 있어요. 소수가 겪는 부작용을 근거로 외모를 중요하게 생각하면 안 된다고 말하는 것은 우리 사회 전체의 발전에 도움이 되지 않는 주장이라고 봅니다.

"아니야, 사람에게 외모는 중요하지 않아"

외모는 능력과 상관이 없어

우리는 새로운 학년이 되면 새로운 친구들을 만나게 됩니다. 이때 친구의 얼굴만 보고 '와! 저 친구 공부 아주 잘할 것처럼 생겼다.' 하고 생각하거나, '이 친구는 정말 공부 못할 것 같아.'라고 짐작한 적이 있나요? 그런데 몇 달을 함께 지내다 보면 처음에 공부를 잘할 것 같이 보였던 친구가 모두 다 공부를 잘하는 것은 아니라는 사실을 알게 됩니다. 얼굴 생김새와 공부를 잘하는 것은 아무 상관이 없는 것이지요.

아름다운 외모를 지녔다고 어떤 능력을 가진 것은 아닙니다. 얼굴이 잘생겼다고 운동을 잘하는 것도 아니고, 몸매가 좋다고 회사 운영을 잘하는 것도 아니지요. 만약 실제로 그렇다면 스포츠 선수들은 모두 미남 미녀이고 회사 사장님들은 모두 뛰어난 몸매를 가지고 있어야 하는데, 그렇지 않다는 것을 누구나 인정할 거예요. 외모와 능력은 별개입니다.

능력에 따라 대우를 달리하는 것은 차별이 아닙니다. 능력은 그 사람이 노력해서 얻은 것이니 그에 맞는 대우를 하는 것은 당연하지요. 하지만 인종이나 성별, 종교에 따라 대우가 달라지는 것은 명백하게 차별이에요. 잘생긴 사람을 치켜세우고 못생긴 사람을 무시하는 것 역시 차별입니다. 외모는 인종이나 성별처럼 태어날 때부터 타고나는 것이기 때문입니다. 자신의 의지로 바꿀 수 없는 외모를 이유로 사람을 차별하는 것은, 돈이 많다고 해서 가난한 사람을 무시하거나 남자라고 해서 여자를 깔보는 것과 다르지 않아요.

미국에 살고 있는 리지 벨라스케스라는 여성은 마르팡증후군이라는 희귀병을 앓고 있습니다. 마르팡증후군은 태어날 때부터 뼈, 근육, 혈관 등이 제대로 자라지 않

차이와 차별

차이는 어떤 사물, 사람, 동물 등의 성질 중 서로 다른 점을 가리킵니다. 다름은 고유의 특징일 뿐이지 어떤 점이 나쁘거나 좋은 것은 아니에요. 반면 차별은 서로의 차이를 이유로 등급을 매겨 좋은 것과 나쁜 것을 나누는 현상을 가리킵니다. 키가 작거나 큰 것, 피부색이 까맣거나 흰 것은 단지 차이일 뿐인데, 이것을 이유로 사람의 가치를 매긴다면 차별이겠지요?

는 병이에요.

열일곱 살이 되던 어느 해, 리지는 유튜브에서 '세상에서 가장 못생긴 여자'라는 제목이 달린 동영상을 보게 됩니다. 동영상에 등장한 것은 다름 아닌 리지의 사진이었어요. 수천 개의 댓글에서 사람들은 차마 입에 담지 못할 끔찍한 말을 쏟아부었습니다. 동영상과 댓글을 본 그녀는 큰 충격을 받고 말았습니다.

하지만 마냥 실의에 빠져 있지는 않았어요. 어린 시절부터 남과 다른 외모를 부끄럽게 여기지 않도록 키워 준 부모님의 교육과 주변의 사랑, 밝은 삶을 살고자 했던 그녀 자신의 노력 덕분이었지요. 2013년, 전 세계적으로 유명한 강의 프로그램인 테드의 무대에 선 리지 벨라스케스는 이렇게 말했습니다.

"과연 다른 사람들이 나를 '괴물'이라고 부르도록 그대로 두어야 할까요? 나의 정체성을 결정하는 것은 외모가 아니라 목표와 성공, 성취입니다."

리지는 그 후로도 사람들의 편견과 차별을 없애기 위해 목소리를 내는 것을 주저하지 않았고, 학교에서 따돌림과 괴롭힘이 일어나는

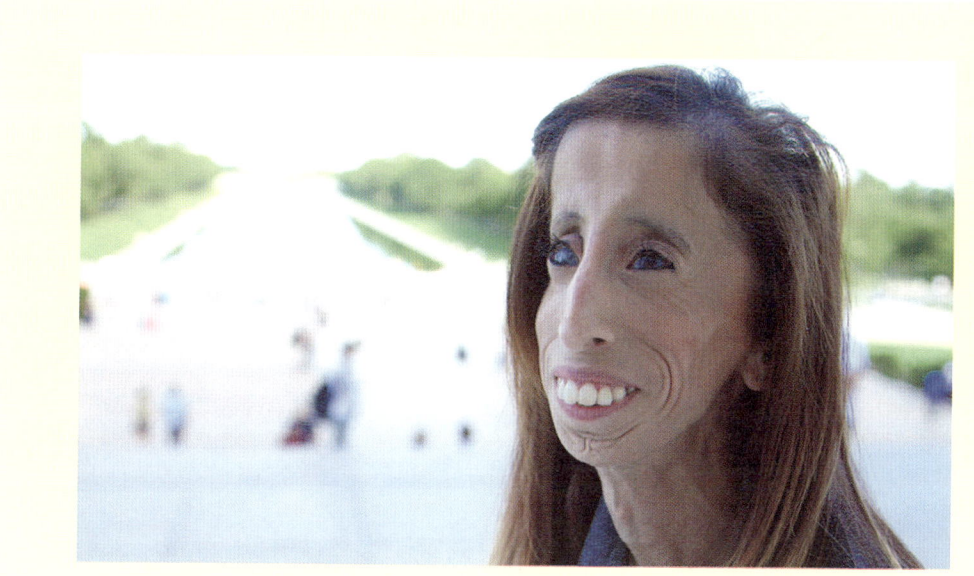
"나의 정체성을 규정하는 것은 외모가 아니라 목표와 성공, 성취입니다." - 리지 벨라스케스

것을 방지하는 법을 만들기 위해 활동해 왔어요. 자신을 비난하는 동영상을 처음 봤던 해로부터 9년이 지난 2015년, 리지의 이야기가 담긴 다큐멘터리 영화가 개봉되었고 그녀는 세 권의 책을 쓴 작가가 되었습니다.

  리지 벨라스케스의 사례는 우리가 외모로 다른 사람의 삶을 평가하는 것이 얼마나 큰 폭력이고 차별인가를 생각하게 합니다. 또 한 사람이 외모에 대한 편견과 관계없이 얼마나 빛나는 성취를 이룰 수 있는지를 깨닫게 하지요. 외모는 사람의 성품, 자질, 능력과 상관없기에 중요하지 않습니다. 오히려 중요하지 않은 외모를 가지고 차별하는 것이 큰 문제라고 할 수 있어요.

진정한 아름다움은 마음에 있어

한 교육 잡지의 설문 조사에 따르면 어린이들이 생각하는 '미래의 성공'은 '남을 돕고 베푸는 것(41%)', '행복하게 사는 것(25%)', '원하는 일을 하는 것(14%)', '이름을 널리 알리는 것(11%)', '돈을 많이 버는 것(9%)' 순이었다고 해요. 이 설문 조사는 어린이들도 우리 삶에서 내면의 가치가 중요하다는 것을 알고 있다는 사실을 보여 줍니다.

외모는 사람이 지니고 있는 수많은 특징 중 하나입니다. 한 사람은 성품, 가치관, 관심사 등 수많은 특징을 가지고 있어요. 예쁘고 잘생긴 외모는 처음 만남에서 상대방에게 호감을 줄 수는 있습니다. 그렇지만 오래 알고 지내다 보면 외모보다는 그 사람의 성품과 생각이 인간관계에 큰 영향을 미친다는 것을 알게 되지요.

더구나 예쁘고 잘생긴 외모가 영원한 것은 아닙니다. 사람은 누구나 시간이 흐를수록 늙어 가니까요. 젊은 시절의 아름다움은 시간의 흐름에 따라 빛을 잃어 갈 수밖에 없어요. 뉴스에는 평생을 성형 수술에 의지하다가 결국 삶이 망가져 버린 연예인들의 이야기가 가끔씩 등장하기도 합니다. 그에 비해 내면의 아름다움을 지닌 사람들은 나이가 든다고 해서 자신의 삶을 망치는 일은 없습니다. 당당한 내면의 힘 때문이지요.

서양의 철학자 플라톤은 아름다움과 착함이 하나가 된 상태가 가장 이상적이라고 했습니다. 다시 말해 진정한 아름다움이란 착하고 선한 마음과 떨어질 수 없다는 것이지요. 또 동양의 철학자 노자는 "세상 사람들은 모두 아름다움의 아름다움됨을 알고 있는데, 이것은 못생김이다."라고 말하면서 아름다움과 추함을 쉽게 구별하는 마음을 가져서는 안 된다는 것을 이야기했어요. 겉으로 드러나는 아름다움이 진정한 아름다움이 아닐 수 있다는 것을 말한 것입니다.

아름다운 마음에는 관심이 없고 외모만을 중요하게 생각해서 돈과 시간을 들여 바꾸고 고치는 사람을 아름다운 사람이라고 할 수 있을까요? 그런 사람은 내면이 병들어 있는 '추한' 사람이지 않을까요?

진정한 아름다움은 우리 마음에 있습니다. 그렇기에 외모는 중요한 것이 아닙니다.

외모지상주의는 건강을 해칠 수 있어

요즈음 성형 수술이나 다이어트를 하는 초등학생이 많다고 해요. 그런데 성형 수술이나 다이어트가 자칫하면 건강을 해칠 수 있습니

다. 영국의 안나 우드라는 소녀는 뚱뚱한 체형이 아니었는데도 자신이 뚱뚱하다는 생각에 사로잡혀 무분별한 다이어트를 계속했고, 결국 음식 먹는 것을 두려워하고 거부하는 거식증이라는 병을 앓다가 목숨을 잃고 말았어요.

　최근에는 셀프 성형 기계들이 판매되고 있다고 하는데요. 쌍꺼풀을 만들어 주는 안경, 코 성형 집게, 얼굴 골격 축소기까지 개발되었습니다. 그러나 이러한 기기는 연골이나 뼈가 다 자라지 않은 상황에서 무리하게 압력을 가하면 변형을 일으킬 수 있고, 피부가 얇은 경우엔 눈꺼풀 처짐 등 부작용을 불러일으킬 수 있어서 위험하다고 해요. 그럼에도 불구하고 외모를 중시하는 초등학생들의 구입이 이어지고 있다고 합니다.

외모를 중시하는 사회 분위기가 자리 잡을수록 성형 수술과 다이어트를 시도하는 사람들이 점점 늘어나게 되지요. 그러나 아직 성장이 끝나지 않은 초등학생들에게 성형과 다이어트는 매우 위험해요. 이렇게 외모를 가꾸는 과정에서 성형 수술의 부작용이 생기거나 다이어트 때문에 영양 결핍이 발생하기도 하니까요. 우리 삶에서 외모보다 중요한 것은 건강이에요. 외모지상주의는 건강을 해칠 수 있는 아주 위험한 생각이랍니다.

외모가 중요하다고 주장하는 사람들은 외모 관련 산업이 발전하면 우리 사회에 이익이라고 말하는데, 초등학생들까지 성형 수술로 내몰아 벌어들이는 돈이 과연 가치 있는 돈일까요? 외모 관련 산업으로 이득을 취하는 사람은 몇몇 기업일 뿐이고, 대부분의 평범한 사람들은 열심히 벌어서 모은 돈을 외모를 가꾸는 데 쓰느라 허덕이고 있는 것 아닐까요?

아름다운 대한 기준은 만들어지는 거야

외모가 중요하다고 하는 사람들은 아름다움을 추구하는 것이 사람의 본성이라고 이야기합니다. 그러나 사람들이 추구하는 '아름다

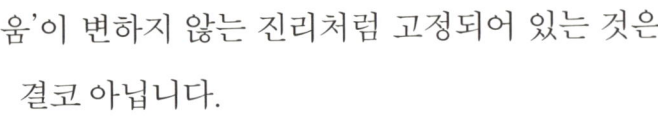

〈빌렌도르프의 비너스상〉

움'이 변하지 않는 진리처럼 고정되어 있는 것은 결코 아닙니다.

우리가 생각하는 아름다운 외모에 대한 기준은 만들어진 생각이에요. 2만 4천 년 전 구석기 시대의 유물인 〈빌렌도르프의 비너스상〉을 보면 땋아서 감아올린 머리에 두건을 쓰고 있고 리본과 망사 같은 장식물을 달고 있습니다. 지금의 기준으로 보면 '아름다운 비너스'라고 하기에는 뚱뚱하고 우스꽝스러운 모습을 하고 있지요.

1485년경에 보티첼리가 그린 〈비너스의 탄생〉에 등장하는 미의 여신 비너스도 지금 기준에서 보면 뚱뚱한 몸매를 가지고 있습니다. 이처럼 예술 작품들을 살펴보면 아름다움에 대한 기준이 시대와 사회에 따라 계속 변하고 있다는 것을 알 수 있어요.

지금 우리가 가진 아름다운 외모에 대한 생각도 텔레비전이나 인터넷의 수많은 정보에 의해 만들어진 거예요. 텔레비전이나 인터넷에 마른 사람들이 자주 나와서 성공한 모습을 보여 주기 때문에 우리는 마른 사람을 아름답다고 생각하고, 그런 사람들이 성공한다고 생각하게 된 것이지요.

아름다움에 대한 기준은 시대에 따라 다르고, 사회적으로 만들어

보티첼리, 〈비너스의 탄생〉, 1485년경

지는 것이기에 이것을 단순히 '사람들의 변하지 않는 본성'이라고 말할 수는 없습니다. 그러니 변할 수밖에 없는 아름다움에 대한 기준으로 사람들의 외모를 함부로 평가해서는 안 되겠지요?

찬성 외모는 사람을 평가하는 중요한 기준이야. 얼굴 표정, 몸매, 옷차림 같은 겉모습을 보면 그 사람의 성격이나 건강 상태, 취향 같은 정보를 짐작할 수 있잖아. 표정이 밝은 사람은 긍정적인 성격임을 나타내고 단정한 옷차림은 성실하다는 것을 보여 줘.

반대 외모가 사람을 평가하는 기준이 될 수 있을까? 외모만으로는 그 사람이 가진 능력을 제대로 평가할 수 없는 경우가 오히려 더 많아. 외모는 능력과 상관이 없으니까. 체격이 좋다고 운동 실력이 다 뛰어난 것도 아니고, 얼굴이 잘생겼다고 공부를 잘하는 것도 아니잖아. 외모는 인종이나 성별처럼 태어날 때부터 타고나는 것인데, 타고난 외모로 사람을 평가하는 것은 차별이야.

외모를 중시하는 풍토가 자리 잡을수록 성형 수술과 다이어트를 시도하는 사람들이 늘어나기 마련이야. 그러다 보니 외모를 가꾸는 과정에서 성형 수술의 부작용이 발생하거나 다이어트 때문에 영양 결핍에 시달리는 경우가 많아. 외모지상주의는 건강을 해칠 수 있는 아주 위험한 생각이라고. 그리고 외모를 가꾸다 보면 자연히 화장품 같은 물건을 많이 사게 되니 과소비 문제도 발생해.

찬성 외모를 중시하는 분위기 때문에 성형 수술이 많아지고 화장품 소비가 늘어 가는 것은 맞아. 하지만 화장품을 많이 사용하고 성형 수술을 하는 것이 문제가 있다고 말할 수 있을까? 한류 열풍과 함께 미용, 의류, 성형, 관광 산업이 계속 발전하고 있는 걸 생각해 봐. 소수가 겪는 부작용 때문에 외모를 중요하게 생각하면 안 된다고 말하는 것은, 사회 전체의 발전에 도움이 되지 않는 주장이야.

외모는 사람을 평가하는 중요한 기준이기 때문에 회사에서도 직원을 뽑을 때 외모를 중시하고 있어. 외모를 가꾸려면 시간과 노력이 필요하니 부지런할 수밖에 없고, 회사 일로 만나는 사람들에게 나를 어떻게 보여 줄지를 중요하게 여기는 것은 사람들과 좋은 관계를 유지하려고 노력한다는 것이니까. 외모를 중요하게 여기는 것은 외모 관련 산업을 발전시키기도 하니, 사회적으로도 이익이 되는 일이지. 우리가 살아가는 데 외모는 너무나 중요해.

반대 외모 관련 사업이 발전하는 게 정말 사회 전체에 도움이 되는 일일까? 이득을 취하는 건 오히려 몇몇 기업뿐이고, 대부분의 평범한 사람들은 외모지상주의로 마음에 상처를 입거나 돈과 시간을 허비하는 등 피해를 보고 있어. 외모는 자신의 의지로 바꿀 수 없는 타고난 것인데 외모로 사람을 평가한다면 명백한 차별이야. 진정한 아름다움은 내면에 있어. 외모는 중요하지 않아.

생각더하기

1. 두 글에서 주장의 근거를 찾아 각각 요약해 봅시다.

"외모가 중요할까?"

	그렇다(찬성)	아니다(반대)
근거		

2. "외모가 중요하다."라는 주장에 대해 여러분은 찬성하나요, 반대하나요? 책에 나와 있는 내용 외에 주장을 뒷받침할 수 있는 근거를 더 찾아봅시다. 상대편의 주장을 어떻게 반박할지도 생각해 봅시다.

3. 미국 뉴욕 대학 교수인 미셸 레더먼은 '우리는 어떤 사람들에게 끌리는가?'라는 주제로 연구해 다음과 같은 결과를 얻었습니다. 열두 가지 결과 중 외모와 관련된 것은 두 가지 밖에 없었습니다. 여러분도 자신이 어떤 사람에게 끌리는지 나만의 끌림 리스트를 만들어 보고, 외모에 관련된 것이 얼마나 되는지 확인해 봅시다.

1. 나다운 사람	2. 솔직한 사람	3. 긍정적인 사람
4. 잘 웃는 사람	5. 잘 들어 주는 사람	6. 나와 닮은 사람
7. 대화를 부드럽게 하는 사람	8. 인내심이 많은 사람	9. 친구의 친구처럼 아는 사람의 아는 사람
10. 내가 좋아하는 사람을 닮은 사람	11. 맞장구를 잘 쳐 주는 사람	12. 호기심이 많은 사람

나만의 끌림 리스트

선의의 거짓말을 해도 될까?

"

그래!
선의의 거짓말은 해도 돼

아니야!
선의의 거짓말을 해서는 안 돼

"

생각 열기

　오늘은 나어때의 생일이에요. 나어때는 생일잔치를 위해 부모님과 함께 백화점에서 산 새 옷을 입고 학교에 왔어요. 나어때를 본 너별로는 아무리 봐도 새 옷이 나어때와 잘 어울리지 않는다고 생각했어요.
　나어때가 물었어요.
　"이 옷 멋지지? 우리 엄마가 생일잔치 때 입으라고 새로 사 주신 옷이야."
　너별로가 말했어요.
　"응. 그런데 말이야, 그 옷이 너한테 잘 안 어울리는 것 같아. 평소보다 네가 멋져 보이지 않아."
　너별로의 말을 들은 나어때가 화를 냈어요.
　"뭐라고? 너 어쩜 내 생일에 나한테 그렇게 말할 수 있니? 진짜 어울리지 않는다고 해도 그렇게 말하면 안 되는 거잖아!"
　너별로는 당황했어요.
　'생각나는 대로 말한 것 뿐인데 나어때가 왜 저렇게 화가 났지? 내가 뭘 잘못했나?'

1. 나어때는 왜 너별로에게 화가 났을까요?

2. 선의의 거짓말을 해 본 적이 있나요? 있다면 언제였는지, 그리고 왜 선의의 거짓말을 하게 되었는지 말해 봅시다.

"그래, 선의의 거짓말은 해도 돼"

듣는 사람의 기분을 배려할 수 있어

여러분은 '하얀 거짓말'이라는 말을 들어 본 적이 있나요? 하얀색은 보통 깨끗함이나 순수함을 상징하지요. 거짓말은 어쩐지 하얀색과 어울리지 않는다는 생각이 들 수도 있을 거예요. 하얀 거짓말은 상대방의 기분을 생각해서, 또는 상대방의 체면을 살려 주기 위해서 하는 가벼운 거짓말, 즉 선의의 거짓말이에요.

그렇다면 선의의 거짓말이란 무엇일까요? '선의'(善意)란 한자어로 '착한 뜻'을 의미해요. 그러니까 선의의 거짓말은 착한 뜻을 갖고 한 거짓말인 셈이지요. 심리학자 젤리슨과 펠드만의 연구에 따르면 대부분의 사람들은 하루 평균 무려 200번, 또는 10분의 대화에서 대략 2번의 거짓말을 한다고 합니다. 생각보다 많은 숫자지요? 우리는 이렇게 일상생활에서 다른 사람의 기분을 배려하기 위해 알게 모르게 거짓말을 하고 있습니다.

 학교생활에서는 친구들과 서로 기분을 배려하며 대화하는 것이 중요해요. 어떻게 말하느냐에 따라 서로 더 친해질 수도, 사이가 나빠질 수도 있으니까요. '말 한마디로 천 냥 빚을 갚는다.'라는 속담이나 '아 다르고 어 다르다.'라는 말도 있잖아요. 친구의 기분을 배려한다면 때로는 선의의 거짓말도 필요합니다.

 예를 들어 친구가 자기 외모가 못생겼다고 생각하며 우울해하고 있다고 생각해 보세요. 그럴 때는 "난 네 외모가 정말 마음에 들어. 다른 친구들도 그렇게 생각할 거야. 힘내!"라는 선의의 거짓말로 친구의 자존감을 세워 줄 수도 있지요.

 유태인이 평생 읽으며 마음에 새기는 『탈무드』라는 책이 있습니다. 이 책에는 벌을 받지 않는 두 가지 거짓말에 대한 이야기가 나와요. 탈무드에서는 누군가 물건을 산 뒤 "이 물건 어때?"라고 물으면 그 물건이 좋지 않아 보이더라도 "좋네!"라고 대답하라고 권유합니다. 또 친구가 결혼을 할 때는 신부가 못생겨 보이더라도 "자네 부인은 정말 미인이로군. 부디 행복하게 잘 살게."라고 말하라고 하지요. 둘 다 듣는 사람을 기분 좋게 만들어 주는 거짓말이지요?

이처럼 삶을 살아가다 보면 상대방의 기분을 배려해서 거짓말을 하는 경우가 생겨요. 이런 거짓말은 누구를 해치거나 속이려는 것이 아니라 상대방을 위해 하는 말이기 때문에 해도 됩니다.

이로운 결과를 가져다 줘

어른들은 정직하게 살라고 가르치시지만, 어른들 역시 늘 정직한 것은 아니에요. 때로는 선의의 거짓말이 여러 가지 이익을 가져 올 수 있으니까요. 환자와 의사를 예로 들어 볼게요. 병원에서는 의사 선생님이 환자에게 직접 병에 대해 설명하지 않을 때가 있어요. 증세가 심각할수록 보호자에게 먼저 이야기하지요. 때로는 의사 선생님이나 가족들이 환자에게 병에 대해 자세히 말해 주지 않기도 하고요. 왜 그럴까요?

노시보 효과(Nocebo Effect)
진짜 약을 줘도 환자가 효과가 없다고 생각하면 약효가 나타나지 않는 현상을 말해요. 반대로 플라시보 효과(Placebo Effect)는 약효가 없는 가짜 약을 주었는데도 환자가 '이 약이 효험이 있을 거야.' 하고 믿고 낫겠다는 의지를 가지면, 병세가 나아지는 현상을 가리킵니다. 선의의 거짓말은 플라시보 효과를 준다고 할 수 있겠지요?

의사와 가족들이 환자의 건강을 염려하기 때문입니다. 환자가 자기 병이 심각하다는 것을 알게 되면 지나치게 실망해서 치료가 잘 안 될 수도 있어요. 또 충격을 받아 병이 더 심해질 수도 있고요. '노시보 효과'라는 말을 들어 봤나요? 제대로 된 약을 주더라도 환자가 '나는 낫지 않을 거야.' 하는 부정적인 마음을 갖고 있다면, 약의 효과가 나타나지 않는 현상을 가리키는 말입니다. 이와 반대로 환자의 의지를 북돋우는 말을 해 줌으로써 치료를 도울 수 있다면 선의의 거짓말은 꼭 필요하겠지요.

이번에는 동화 속 이야기를 살펴볼까요? 『허클베리 핀의 모험』이라는 유명한 책에는 허클베리 핀과 짐이라는 친구들이 나와요. 허클베리 핀은 백인이고, 짐은 흑인이에요. 이 책의 배경인 1860년대 미국에는 흑인을 노예로 부리는 제도가 있었어요. 흑인들은 이 부당하고 끔찍한 제도 때문에 고통받고 있었습니다. 짐은 노예로 잡혀가지 않기 위해 목숨을 걸고 탈출을 결심하지요.

허클베리와 짐은 인종도 나이도 달랐지만 친구가 되었고, 허클베리는 짐의 탈출을 끝까지 돕기로 마음먹습니다. 두 사람

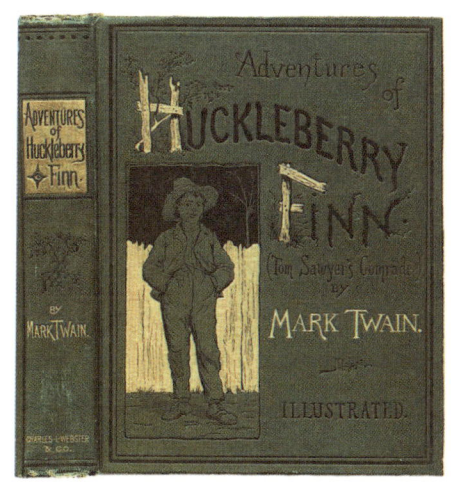

마크 트웨인, 『허클베리 핀의 모험』, 1884

은 뗏목을 타고 도망치다가 총으로 무장한 노예 사냥꾼들을 맞닥뜨려요. 짐이 뗏목에 타고 있다는 것이 들통나면 꼼짝없이 잡혀가고 말 상황이었지요. 노예 사냥꾼들이 허클베리에게 함께 배에 탄 사람이 누구냐고 물었을 때, 허클베리는 뭐라고 대답했을까요?

허클베리는 함께 타고 있는 사람은 짐이 아니라 천연두에 걸린 자기 아버지라고 이야기했습니다. 짐은 허클베리의 거짓말 덕분에 가까스로 목숨을 구할 수 있었던 거예요. 어떤가요? 누군가를 위험으로부터 구해 내기 위한 거짓말은 좋은 거짓말이고, 꼭 필요한 거짓말이라는 생각이 들지 않나요?

이렇게 급박한 상황이 아니더라도, 선의의 거짓말은 우리 일상에 크고 작은 이익을 가져다줍니다. 회사에서도 마찬가지입니다. 상사가 부하 직원의 아이디어나 계획이 마음에 들지 않더라도 "준비하느라 수고했네."라고 말해 준다면, 부하 직원은 더욱 열심히 일하게 될 거예요. 우리가 시험을 못 봐서 성적이 엉망일 때도 부모님께서 "열심히 노력하면 되는 거야. 고생했어." 하고 선의의 거짓말을 해 주신다면, '다음에는 더 열심히 해야지.' 하는 생각이 들지 않을까요?

『레미제라블』에도 선의의 거짓말과 관련한 이야기가 나옵니다. 장발장은 빵을 훔친 죄로 18년 동안 감옥에 갇혀 있다가 풀려나던 날, 미리엘 신부의 집에서 다시 은그릇을 훔치는 잘못을 저질렀어요. 하지만 신부는 장발장을 잡으러 온 경찰에게 "내가 이 그릇들을 그에게 줬습니다." 하고 선의의 거짓말을 하지요. 장발장은 이 말에 감동해

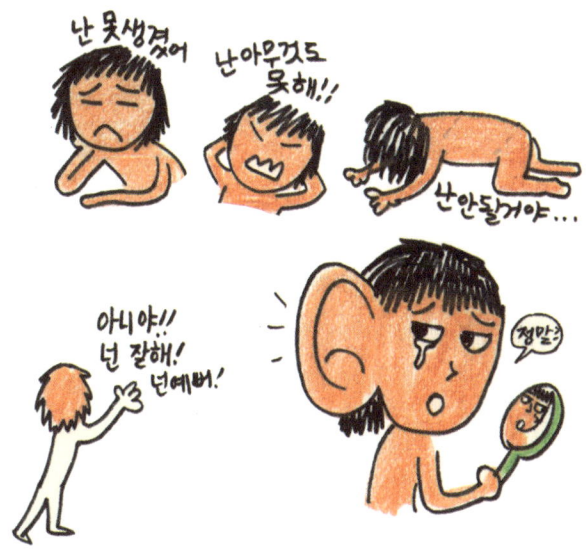

새로운 삶을 살아갈 수 있는 용기를 얻었습니다. 신부님이 선의의 거짓말로 장발장을 변화시켰다고 볼 수 있겠지요? 이처럼 선의의 거짓말에는 사람들을 격려해 주는 힘이 있기 때문에 여러 가지 이익을 가져 올 수 있어요.

우리 생활을 즐겁고 풍요롭게 만들어 줘

사람들이 예로부터 정직을 중시했다고 주장하는 의견도 있지만, 전 세계적으로 해마다 거짓말을 기념해 온 전통도 있습니다. 1년에 딱 한 번, 거짓말을 해도 사람들이 비난하기보다는 서로 웃고 넘기는 날, 작은 거짓말을 통해 일상의 재미와 활력소를 얻는 날이지요. 바로 4월 1일 '만우절' 말이에요. 만우절은 언제 어디서 시작되었을까요?

여러 가지 설이 있지만, 프랑스에서 유래했다는 설이 가장 유력합니다. 1564년까지 새해 첫날은 4월 1일이었다고 해요. 그런데 당시 프랑스 왕이던 샤를 9세가 그때까지와 다른 달력 계산법을 적용해 새해의 시작을 1월 1일로 바꾸었지요. 이 소식을 미처 알지 못한 사람들은 이듬해 4월 1일에도 축제를 벌였고, 이런 사람들을 놀리면서 '사월의 물고기'라고 부른 것이 만우절의 시초라고 합니다.

이후에도 만우절은 세계 여러 나라로 퍼졌고, 오늘날에는 지구촌 곳곳에서 해마다 기념하는 행사가 되었습니다. 사람들은 왜 만우절을 기념하는 것일까요? 만우절에 하는 거짓말은 남에게 피해를 입히는 것이 아니라, 웃음을 가져다주는 거짓말이기 때문이에요.

1957년 영국의 BBC 채널에는 스위스에 있는 나무에서 농부들이 스파게티를 수확하는 장면이 등장했습니다. 1962년 스웨덴의 SVT 채널에서는 이런 안내가 흘러나왔어요. "흑백텔레비전에 스타킹을 씌워 보세요. 컬러텔레비전으로 변신할 거예요." 2015년 세계적으로 유명한 과학 잡지 〈네이처〉에서는 온난화로 용이 먹을 만한 먹잇감이 늘어나서 용이 부활할 가능성이

2015년 4월 1일 티몬에서 '판매한' 로봇 심보의 모습

있다고 발표했습니다. 같은 해 우리나라의 소셜커머스 업체인 티몬에서는 요리, 청소, 자장가 부르기, 말동무 되어 주기 등이 가능한 휴머노이드 로봇 '심보'를 판매한다고 소개했고요.

스파게티가 자라는 나무, 스타킹을 씌우면 색이 변하는 텔레비전, 말동무가 되어 주는 로봇……. 이게 다 사실이냐고요? 모두 만우절을 기념하기 위해 계획된 깜짝 이벤트였습니다. 이런 사례들은 거짓말이었지만, 그렇다고 해서 누군가 상처를 입거나 피해를 입는 일은 일어나지 않았어요.

오히려 두 눈으로 보고도 믿지 못할 광경이나 두 귀를 의심할 만한 소식을 접한 사람들은, 신선함과 재미를 느꼈습니다. 매일매일 똑같고 지루한 일상에서 잠시 벗어나 엉뚱하고 기상천외한 이야기를 만나는 즐거움을 경험한 것이지요. 사람들에게 웃음을 주기 위해 이런 이벤트를 생각해 낸 사람들을 거짓말쟁이라고 비난해야 할까요?

거짓말이 나쁜 것은 다른 사람에게 상처를 주거나 손해를 끼치기 때문입니다. 하지만 그런 목적으로 하는 거짓말이 아니고, 결과적으로도 사람들에게 이익을 준다면 무조건 막을 필요는 없겠지요. 선의의 거짓말과 남에게 피해를 입히는 거짓말을 잘 구분하기만 하면 문제될 것이 없습니다. 그렇기 때문에 선의의 거짓말은 해도 됩니다.

"아니야, 선의의 거짓말을 해서는 안 돼"

의도가 선해도 거짓말은 옳지 않아

예로부터 정직은 사회를 유지하기 위해 지켜야 할 규범이에요. 의도가 좋더라도 거짓말은 그 자체로 옳지 않습니다. 선의의 거짓말은 자기 자신을 속이면서 이익을 추구하는 행동이에요. 자신도, 듣는 사람도 속이는 행동은 결코 옳은 행동이 될 수 없지요.

물론 선의의 거짓말이 생명이나 재산과 관계되어 중요하다고 생각할 수도 있어요. 그러나 이익을 얻기 위해 자기 생각과 반대되는 말이나 행동을 하는 것은 양심을 속이는 행동이에요. 또한 거짓으로 얻은 이익은 진정한 이익이라고 볼 수 없습니다.

　인류는 오랜 세월에 걸쳐 거짓말을 하면 안 된다는 규범을 지키려고 노력하며 살아 왔어요. 서양의 이야기를 살펴볼까요? 양치기 소년은 늑대가 나타났다고 계속해서 거짓말을 하다가 결국 진짜 늑대가 나타났을 때 아무에게도 도움을 받지 못했어요. 피노키오는 거짓말을 해서 코가 길어지고요.

　동양의 전래동화에서도 정직한 사람이 복을 받고, 거짓말하는 사람은 벌을 받습니다. 해와 달이 된 오누이 이야기에 나오는 호랑이를 생각해 보세요. 호랑이는 "떡 하나 주면 안 잡아먹지.", "내가 엄마야." 하고 거짓말을 하면서 떡장수 아주머니도 속이고 남매도 속였지요. 결국 오누이는 하늘로 올라가 해와 달이 되지만, 호랑이는 나무에서 떨어져 죽고 말았습니다.

　이처럼 예로부터 사람들은 거짓말은 옳지 않은 것이라고 여겨 왔어요. 선의의 거짓말도 결국 거짓말입니다. 어떠한 경우에도 거짓말을 하는 것은 옳지 않아요.

뒤늦게 사실을 알게 되면 더욱 기분이 상할 거야

선의로 해 준 말이었다고 해도 거짓이었다는 것을 나중에 알게 되는 사람은 더욱 기분이 상할 수 있어요. 미국의 16대 대통령인 링컨은 이렇게 말했어요. "모든 사람을 얼마 동안 속일 수는 있습니다. 또 몇 사람을 늘 속일 수도 있습니다. 그러나 모든 사람을 늘 속일 수는 없습니다."라고요. 거짓말은 언젠가 탄로 난다는 뜻이지요.

상대방이 내게 했던 말이 거짓이었다는 것을 뒤늦게 알게 되면 기분이 어떨까요? 배려했던 것이라고는 하지만, 나한테 물어보지도 않고 마음대로 판단했다는 생각에 불쾌하거나 마음이 더욱 상하지 않을까요? 그렇다면 진정한 배려라고 볼 수 없지요. 그리고 다른 사람에게는 내가 들었던 것과 다르게 말을 전했다면 그것은 '험담'이 될 수도 있어요.

친구에게 "오늘 놀이터에서 재미있었어. 나중에 또 놀자."라고 인사를 했다고 생각해 보세요. 친구는 '언제 또 놀게 될까? 이 친구가 나에게 전화를 할까? 내가 먼저 전화해서 놀자고 해야 할까?' 하고 고민할 수도 있어요. 그런데 만약 내가 친구에게 같이 놀자고 한 말이 친구의 기분을 생각해서 했던 거짓말이었고, 사실은 같이 놀 생각이 없었다면요? 친구는 무척 실망하게 되겠지요. 친구가 진실을 알게 되면 선의의 거짓말을 안 하는 것만 못한 상황이 생길 수도 있어요.

선의로 말한다고 해서 듣는 사람에게 꼭 좋은 결과를 가져오는 것은 아닙니다. 나중에 진실을 알게 되는 사람은 우리가 의도했던 것과 달리 '선의'를 '악의'로 받아들일 수도 있으니까요. 사람의 생각이나 입장은 저마다 다를 수 있기 때문에 상대방에게 무엇이 좋은 말인지 지레짐작으로 판단하는 것은 위험해요. 하지만 진실을 이야기하면 불필요한 오해를 사는 일은 없겠지요. 따라서 선의의 거짓말도 해서는 안 됩니다.

정확한 정보가 선택에 도움을 줄 수 있어

 선의의 거짓말이 이로운 결과를 가져오기 때문에 해도 된다고 생각하는 사람들도 있습니다. 하지만 거짓말로 상대방을 속이기보다는 정확한 정보를 알려 줘야 도움을 줄 수 있어요. 누군가를 당장 안심시키기 위해 거짓말을 한다면 문제를 해결할 수 없을 테니까요. 걱정이 되더라도 사실을 제대로 파악할 수 있도록 정확한 정보를 전달하고, 해결할 방법을 찾는 것이 좋습니다.

 '버킷리스트'라는 말을 들어 본 적이 있나요? 죽기 전에 꼭 해야 할 일을 적은 목록을 말해요. 사람들은 죽음을 앞두면 그동안 못했던 일들을 하나씩 이뤄 가고 싶어 합니다. 불치병에 걸린 환자에게 의사와 가족들이 선의의 거짓말이라는 이유로 병에 대해 제대로 알려 주지 않는다면, 환자는 삶을 정리할 수 있는 시간을 갖지 못할 수도 있어요. 가 보고 싶었던 곳에 가고, 먹어 보고 싶었던 음식 먹고, 해 보고 싶었던 일을 경험할 수 있는 값진 시간을 그냥 흘려보내게 되겠지요. 배려하는 마음이었다고는 하지만, 내 판단으로 다른 사람의 마음을 짐작하고 그 사람에게서 선택의 기회를 빼앗는 셈이 되고 맙니다. 선의의 거짓말을 하기보다는 정확한 정보를 제공해야 하는 이유가 바로 여기에 있습니다.

 '생각열기'에서 나어때에게 옷이 어울리지 않는다고 생각한 너별로는 자신의 생각을 솔직하게 말했어요. 너별로의 솔직한 말을 듣고 나어때는 기분 나빠했지요. 그렇지만 너별로의 행동이 잘못된 행동일까요?

나어때는 너별로의 말을 듣고 자신을 거울 속에 다시 한 번 비춰 보고 다른 옷으로 바꿔 입을 수도 있을 거예요. 너별로가 선의의 거짓말을 하지 않고 정확한 정보를 줌으로써, 나어때는 생일잔치에 어울리는 멋진 옷을 다시 골라 입을 수 있는 기회를 갖게 되는 것이지요.

"진실을 말할 용기 없는 사람이 거짓말을 한다."라는 말이 있어요. 어떤 사람들은 친구가 싫어할까 봐 선의의 거짓말을 한다고 이야기합니다. 그렇지만 진짜 용기 있고 지혜로운 친구는 배려한다는 이유로 친구에게 거짓말을 하기보다는, 꼭 필요한 조언을 해 주는 사람이에요. 정확한 정보를 주어야 상대방을 진정으로 도울 수 있으니까요. 그러니 선의의 거짓말이라도 해서는 안 됩니다.

찬성 선의의 거짓말은 듣는 이에게 이익을 줄 수 있어. 병에 걸린 환자에게 "이 약을 먹으면 나을 수 있다."라고 이야기해 주면 실제로 병이 낫는다고 해. 우리가 시험을 못 봤을 때도 부모님이 속상한 마음을 감추고 "다음엔 더 잘할 수 있을 거야." 하고 말씀해 주시면 열심히 공부해야겠다는 의지가 생기잖아. 선의의 거짓말에는 사람들을 배려하고 격려하는 힘이 있기 때문에 여러 이익을 가져다줘.

반대 상대방에게 이익을 준다고 하지만 선의의 거짓말은 다른 사람에게 정확한 정보를 주지 않기에 오히려 피해를 줄 수 있어. 불치병에 걸린 사람에게 얼마만큼 삶이 남아 있는지 제대로 정보를 주지 않는다면, 그 사람은 삶을 정리할 마지막 기회조차 갖지 못할 거야. 결국 선의의 거짓말로 잘못된 정보를 주면 그 사람에게서 선택의 기회를 빼앗는 셈이 되고 말아. 그러니 선의의 거짓말도 해서는 안 돼.

선의로 하는 말이라도 거짓말은 거짓말일 뿐이야. 예로부터 정직은 사회를 유지하기 위해 지켜야 할 규범이었어. 「늑대 소년」이나 「해와 달이 된 오누이」 같은 옛날이야기가 왜 나왔겠어? 거짓말이 세상에 이롭지 않기 때문에 사람들은 오랜 세월에 걸쳐 거짓말을 하면 안 된다는 규범을 지키려고 노력해 온 거야. 의도가 좋다고 하더라도 거짓말은 그 자체로 옳지 않아.

찬성 예로부터 정직을 중요하게 여겼다고 하지만, 정직을 중요하게 여기면서 한편으로는 선의의 거짓말을 인정해 왔어. 유대인의 전통과 삶의 지혜가 담긴 『탈무드』에도 선의의 거짓말에 대한 이야기가 나오잖아. 그리고 사람들은 생각보다 자주 거짓말을 해. 심리학자들에 따르면 대부분의 사람들은 하루 평균 무려 200번의 거짓말을 한다고 해.

거짓말이 나쁜 것은 다른 사람에게 상처를 주거나 손해를 끼치기 때문이야. 하지만 그런 목적으로 하는 거짓말이 아니고 결과적으로 이익을 준다면 무조건 막을 필요는 없어. 만우절에 하는 거짓말을 생각해 봐. 사람들에게 피해를 주기는커녕 즐거움과 웃음을 가져다주잖아. 선의의 거짓말과 남에게 피해를 입히는 거짓말을 잘 구분하기만 하면, 거짓말이라고 해서 무조건 막을 필요는 없어.

반대 선의라고 해도 거짓말은 다른 사람을 속이는 일일 뿐이야. 내가 한 말이 거짓이었다는 것을 듣는 사람이 나중에 알게 된다면, '선의'를 '악의'로 받아들일 수도 있다고. 그러면 아무리 선의였다고 해도 안 하느니만 못한 결과가 되고 말 거야. 사람의 생각이나 입장은 저마다 다를 수 있기 때문에 상대방에게 무엇이 좋은 말인지 지레짐작으로 판단하는 것은 위험해. 따라서 아무리 선의일지라도 거짓말을 해서는 안 돼.

생각더하기

1. 두 글에서 주장의 근거를 찾아 각각 요약해 봅시다.

"선의의 거짓말을 해도 될까?"

	그렇다(찬성)	아니다(반대)
근거		

2. "선의의 거짓말을 해도 된다."라는 주장에 대해 여러분은 찬성하나요, 반대하나요? 책에 나와 있는 내용 외에 주장을 뒷받침할 수 있는 근거를 더 찾아봅시다. 상대편의 주장을 어떻게 반박할지도 생각해 봅시다.

3. 다음 영화의 줄거리를 읽고 영화 속 '거짓말'이 어떤 결과를 가져왔는지 살펴봅시다. 이 영화에 나오는 '거짓말'에 대한 여러분의 생각도 말해 봅시다.

■ 1930년대 독일의 독재자 히틀러는 유태인들을 모두 죽이려는 끔찍한 정책을 펼치고 있었어요. 수용소에 끌려간 유태인들은 인간 이하의 대우를 받으며 고통 속에 죽어 가야 했습니다. 한 유태인 가족도 독일군에 의해 수용소에 끌려갑니다. 아빠는 어린 아들 조슈아에게 '우리는 신나는 게임을 하고 있는 것'이라고 말했어요. 아들이 어떻게든 살아남기를 바라는 마음에서 거짓말을 한 것이지요. 게임에서 일등을 하는 사람이 진짜 탱크를 받게 된다는 아빠의 말에, 어릴 때부터 장난감 탱크를 좋아했던 조슈아는 그 이야기를 사실로 믿습니다. 조슈아가 마냥 겁에 질려 있었다면 넘기지 못했을 아슬아슬한 위기도 마치 게임하듯 넘기며 두 사람은 살아남았어요. 그러나 아빠는 결국 독일군에 의해 총살당하고 맙니다. 아빠 덕분에 목숨을 구했지만, 아빠의 죽음을 모르는 아들이 여전히 '게임을 하고 있다.'고 착각하는 장면으로 영화는 막을 내렸어요.

로베르토 베니니 감독, 〈인생은 아름다워〉, 1997

욕설을 사용해도 될까?

"

그래!
욕설을 사용해도 돼

아니야!
욕설을 사용하면 안 돼

"

생각 열기

　나바름 군은 집에서 형과 함께 텔레비전 드라마를 보고 있었어요. 네 명의 중학생이 이야기를 나누는데, 친구끼리 서로 욕설을 사용하는 장면이 나왔습니다. 그 모습을 본 바름이는 흥분해서 형에게 말했어요.
　"형, 형! 지금 텔레비전에서 나오는 사람들 대화 들었어? 어떻게 친구끼리 '이 ××, 저 ××' 같은 표현을 쓸 수가 있어?"
　형은 웃으면서 얘기했어요.
　"야, 나도 학교에서 애들이랑 저렇게 불러. 친하니까 그렇지."
　"말도 안 돼. 욕은 나쁜 거잖아. 그거 쓰는 사람은 욕이 나쁜 뜻인지도 모르고 쓰는 거야."
　"그래도 열받을 때 욕하면 속이 좀 풀리잖아. 열받을 때 잠깐 욕도 못하냐?"
　"나는 욕을 하면 그 사람이 진짜 수준 낮아 보여. 그리고 욕하면 건강에도 안 좋다고 들었어. 욕하는 말을 들으면서 자란 식물이 빨리 죽는다는 얘기 들어 본 적 있지? 형도 욕 쓰지 마."
　형은 어이없어 하면서 말했어요.
　"바름아, 세상은 늘 행복하고 아름다운 곳이 아니야. 어디에서도 힘을 쓸 수 없는 사람들은 욕이라도 하면서 고통과 아픔을 조금이나마 덜 수 있어. 에휴…… 어린 네가 뭘 알겠냐."

1. 나바름과 형의 말 중에 더 공감이 가는 말은 누구의 말인가요?

2. 생활하면서 욕을 사용해도 되는지 생각해 본 적이 있나요? 그렇다면 언제 그런 생각을 했는지 말해 봅시다.

"그래, 욕설을 사용해도 돼"

욕으로 스트레스를 풀면 더 나쁜 행동을 막을 수 있어

길을 지나다 보면 친구와 욕을 주고받는 초등학생들을 쉽게 찾아볼 수 있습니다. 재미있는 사실은 이 학생들이 싸우고 있는 것이 아니라 서로 웃으면서 이야기를 나누고 있다는 점이지요. 욕은 과연 나쁘기만 한 것일까요?

2010년 한국교육개발원에서는 초등학생들이 욕을 하는 이유에 대해 조사했습니다. 이 조사에 따르면 '말로 스트레스를 풀기 위해서'라는 대답이 많았다고 해요. 학생들이 욕을 하면서 스트레스를 푸는 데 도움을 받는다는 것이지요.

사실 요즘 초등학생들은 스트레스를 많이 받고 있습니다. 공부와 숙제도 해야 하고, 시험도 치러야 하지요. 학원을 몇 개씩 다니는 친구들은 마음대로 놀 시간이나 장소도 없어요. 이럴 때 친구와 장난으로 욕을 주고받으면 조금이나마 스트레스가 풀립니다.

매일매일 쌓여 가는 스트레스를 풀지 못하면 어떻게 될까요? 부담감을 이기지 못하고 병으로 몸이 아파질 수도 있습니다. 학교, 학원, 숙제…… 쳇바퀴 돌 듯 이어지는 일상을 그만둬 버리고 싶다는 생각에 아예 공부에서 손을 놓아 버리고 싶을 수도 있지요. 또 자기보다 약한 친구를 공격하는 것처럼 폭력적인 행동을 하게 될 수도 있어요.

친구들끼리 욕이나 은어를 섞어서 대화를 나눌 때 스트레스가 풀리는 것은, 욕을 하는 순간만큼은 자유롭게 언어를 사용할 수 있기 때문입니다. 이렇게 잠시나마 스트레스를 풀고 나면 우리는 또다시 일상을 열심히 살아갈 힘을 얻을 수 있어요. 어려운 일이 닥칠 때 통쾌하게 욕을 한 번 하고 일을 해결하려는 의지를 다질 수도 있지요. 또 스트레스를 풀어 줌으로써 더 나쁜 행동을 하는 것을 막아 줍니다.

이처럼 욕에는 더 나쁜 행동이나 부작용을 막아 주는 긍정적인 기능이 있기 때문에 욕설을 사용해도 됩니다.

친구들끼리 친근감을 느낄 수 있어

 욕을 가장 많이 사용하는 시기가 바로 초등학생, 중학생, 고등학생 시기입니다. 왜 이 시기에 욕을 가장 많이 쓰게 될까요? 대부분의 사람들은 어른이 되면 다른 사람들의 시선을 생각하게 되고, 직장 생활을 하면서 격식을 갖춰 대화하게 되기 때문입니다.

 그에 비해 학생들의 삶은 조금 더 자유로운 편이에요. 친구들과 함께 생활하는 시간도 길고요. 2012년 국립국어원의 조사 결과에 따르면 욕을 전혀 하지 않는다고 대답한 학생은 전체 학생의 5%밖에 되지 않았다고 해요. 불량한 친구들만 욕을 하는 것이 아니라, 대부분의 평범한 학생들도 욕을 자주 쓴다는 것이지요.

 삶의 지혜를 담은 것으로 유명한 『채근담』이라는 책에는 '지나치게 맑은 물에는 물고기가 살지 못한다.'라는 말이 있어요. 지나치게 올바르게 살면 사람들이 그 사람을 어려워하고 부담스러워 하여 가까이 지내려 하지 않는다는 것이지요.

 예를 들어 친구들과 같이 있는데도 교과서에 나올 것처럼 바른 말만 하는 친구가 있다면, 여러분은 그 친구가 편하게 느껴질까요? 아마도 그 친구에 대해 '바른 아이'라고 생각은 하겠지만, '재미있고 친근한 친구'라고 생각하지는 않을 거예요. 마음 편히 어울리며 같이

놀고 싶다고 생각하기는 어렵겠지요. 그 친구 앞에서 어떤 말을 할 때마다 '나를 이상하게 보지는 않을까?' 하고 신경이 쓰일 테고요.

친구들 사이에서 가볍게 주고받는 욕은 감정을 솔직하게 표현하면서 속마음을 나눌 수 있게 해 줍니다. 서로 더 친근하게 느끼고 편안하게 어울릴 수 있게 해 주지요. 이처럼 누군가를 괴롭히기 위한 것이 아니라면, 허물없는 사이에서는 욕을 사용해도 됩니다.

약자들이 고통과 아픔을 이겨 내도록 도와줘

욕은 예로부터 가난하거나 권력을 갖지 못한 약자들이 고통과 아픔을 이겨 내도록 도와주는 중요한 역할을 해 왔습니다. 조선시대의 유명한 풍자 시인 김삿갓은 한자의 음이나 뜻을 이용해 다른 사람에게 교묘하게 욕을 했다고도 하지요. 한국학의 대가인 김열규 교수도 "우리 조상들은 욕과 흥으로 삶의 고통과 아픔을 해소했다."고 하였어요. 이처럼 욕을 사용하면 억눌린 속마음을 드러낼 수 있어요. 욕은 억울한 사람들이 자신의 처지를 드러내는 강력한 방법이 되기도 합니다.

고통과 아픔도 예의바른 말로 표현할 수 있다고 생각하는 사람도 있을 거예요. 하지만 세상을 움직일 수 있는 권력도, 원하는 것을 무엇이든 살 수 있는 돈도 갖지 못한 힘없고 약한 사람들은 억울하고 슬픈 일을 겪을 때 자기의 고통이나 처지를 속 시원하게 표현할 수 있는 방법이 거의 없었어요. 이때 쉽게 쓸 수 있는 표현 방법이 바로 욕이었던 것이지요.

풍자와 해학

'풍자'는 문학이나 연극 등의 예술 작품에서 현실의 부조리를 빗대어 표현하는 것을 말해요. 겉치레에만 신경을 쓰며 백성들을 착취하던 양반들의 한심한 모습을 비꼬았던 박지원의 『양반전』을 예로 들 수 있지요. '해학'은 익살스러운 말이나 행동을 뜻해요. 현실을 우스꽝스럽게 표현해서 읽는 이에게 웃음을 주는 것이지요. 말뚝이는 풍자와 해학을 모두 드러내는 캐릭터라고 할 수 있겠지요?

욕은 상대방의 잘못을 웃음과 익살로 꼬집는 풍자와 해학을 담고 있습니다. 탈춤이나 광대놀이처럼 우리나라의 전통극에 자주 등장하는 '말뚝이'를 예로 들어 볼까요?

말뚝이는 양반을 모시는 하인이에요. '양반'과 '종'으로 신분이 나뉘던 시절에 말뚝이 같은 하인이 양반에게 대드는 것은

ⓒ쑤니

감히 상상도 못 할 일이었습니다. 양반에게 아무리 억울한 일을 당해도 신분이 천하다는 이유로 법의 힘을 빌릴 수도 없었지요.

하지만 마당극 같은 놀이에서만큼은 말뚝이가 양반을 조롱하고 욕하기도 합니다. 힘없는 백성들도 이런 자리에서만큼은 양반을 욕하는 말뚝이의 대사에 맞장구를 치고 박수를 치며 고달픈 마음을 달랠 수 있었지요.

이처럼 욕은 사회에서 차별받는 약자들이 힘든 일을 겪을 때 잠시나마 고통과 아픔을 잊고 현실을 이겨 낼 수 있는 힘을 갖게 해 주기 때문에 사용해도 됩니다.

욕을 들을 만한 행동을 한 것이 문제이지 욕이 문제인 건 아니야

　욕설이 다른 사람을 비하하는 것이기 때문에 사용하면 안 된다는 사람들도 있습니다. 하지만 욕을 들을 만한 행동을 하는 것이 문제이지, 욕 자체가 문제인 것은 아니에요. 나쁜 행동에 대해서는 나쁘게 말하는 것이 자연스럽습니다.
　어떤 사람이 길을 가다가 뺑소니를 당했다고 생각해 보세요. 그런 상황에서 "저기 가는 저 분 잡아요."라고 우아하게 말할 수 있을까요? 사고를 당한 사람이 "저 ×× 잡아라!" 하고 욕설을 사용했다고 해서 그 사람을 비난할 수는 없을 것입니다. 뺑소니 운전자가 사람을 치고 도망치는 잘못을 하지 않았다면 길을 가던 사람도 욕을 하지는 않았을 테니까요.
　이처럼 욕을 하도록 원인을 제공하는 사람이 나쁜 것이지, 피해를 입고 대항하기 위해 욕을 사용하는 사람이 나쁜 것은 아닙니다. 물론 욕이 지니고 있는 나쁜 점도 있어요. 죄가 없는 사람을 괴롭히기 위해 하는 욕은 잘못된 것이지요. 하지만 부당한 일을 겪었을 때 욕을 하는 경우라면, 잘못된 행동에 걸맞는 대응을 하는 것일 뿐입니다. 따라서 상황에 따라 욕설을 사용해도 됩니다.

"아니야, 욕설을 사용하면 안 돼"

욕은 다른 사람을 비하하는 나쁜 뜻을 담고 있어

　욕을 하는 어린이들은 자기 입에서 나오는 말의 뜻을 알고 있을까요? 2011년에 EBS와 한국교원단체총연합회가 청소년들의 욕설 사용 실태를 조사하기 위해 학생들의 옷에 소형 녹음기를 달고 등교 후부터 점심시간까지 쓴 말을 분석해 보았대요. 녹음된 내용을 살펴보니 학생들이 사용한 욕의 횟수가 평균 194번, 즉 1분마다 한마디씩 욕을 한 것입니다. 연구자들은 학생들이 욕의 뜻을 알고도 계속 사용할지 궁금해졌습니다.

　그래서 선생님들께 부탁을 드려서 새로운 실험을 했어요. 이 학생

들에게 자신이 욕하는 모습을 몰래 찍은 영상을 보여 주고, 욕의 뜻에 대해서도 알려 주었습니다. 그 후에 어떤 변화가 있었을까요? 선생님들과 학생들의 이야기를 들어 보면, 욕의 뜻을 알고 난 뒤 학생들이 욕을 쓰는 횟수가 줄어들었다고 해요. 학생들은 지금까지 뜻도 모르고 욕을 사용했기 때문에 굉장히 놀랐고, 대부분의 욕이 굉장히 나쁜 뜻임을 알았다고 입을 모았지요.

우리가 흔히 듣는 욕을 국어사전에서 검색해 보면 차마 입에 담을 수 없는 뜻을 담고 있는 경우가 많습니다. 그나마 정도가 덜한 욕으로 몇 가지 예를 들어 볼게요. '염병을 앓아라!'라는 말은 전염병에 걸려 죽으라는 뜻의 저주입니다. '개새끼'는 개의 새끼라는 뜻으로 욕을 듣는 사람의 부모님까지 욕하는 아주 나쁜 말이지요.

이 외에도 우리가 자주 접하는 욕은 여성이나 장애인과 같은 약자들을 비하하거나 듣는 이의 가족을 우습게 보는 표현들로 이루어진 것들이 많습니다. 심지어 성폭행 같은 끔찍한 범죄를 비유하는 표현도 있지요. 또 남녀의 성기에 대한 낯 뜨거운 표현을 담고 있는 것들도 있습니다. 이처럼 욕은 상대를 비웃고, 무시하고, 모욕하는 말이에요. 욕은 나쁜 뜻을 담고 있기 때문에 사용해서는 안 됩니다.

욕은 내 건강까지 상하게 해

여러 연구 결과에 따르면 우리가 하는 말은 건강에도 영향을 끼칩니다. 미국의 심리학자 엘마 게이츠는 동물 실험을 통해 화를 내거나 짜증을 낼 때, 또 욕을 할 때 배출되는 침에는 해로운 성분이 섞여 있을 가능성이 크다고 발표했어요. 사람들이 말할 때 나오는 침을 분석해 보았더니, 우리가 하는 말에 따라 침전물의 색깔이 달라진 것입니다.

평상시에는 아무 색이 없었지만 '사랑한다.'라는 말을 할 땐 분홍색, 욕을 할 때는 짙은 갈색으로 변했다고 합니다. 게다가 이 갈색 침전물을 실험용 쥐에게 투여했더니 금방 죽고 말았다고 해요. 쥐가 죽을 정도이니, 우리 몸에도 이로운 물질은 아니겠지요? 엘마 게이츠 교수는 이 갈색 침전물에 '분노의 침전물'이라는 이름을 붙였다고 하네요.

그 뿐만 아니라 욕설이 뇌 기능에 나쁜 영향을 미친다는 연구 결과들도 속속 발표되고 있습니다. EBS의 〈욕의 반격〉이라는 다큐멘터리에서는 욕설을 듣는 순간 뇌가 상처받는다는 연구를 집중적으로 다루기도 했어요. 이 다큐멘터리에 따르면 욕은 다른 단어보다 4배나 강하게 기억되며 분노, 공포 등을 느끼게 하는 '감정의 뇌'를 자극한다고 해요. 뇌에서 합리적이고 이성적인 판단을 하게 하는 부분도 강한 욕설을 듣는 순간 통제력을 잃어버리고 상처받는다고 합니다. 욕이 나의 뇌를 지배하고 정신 건강을 망칠 수 있는 것이지요.

이렇게 다양한 실험 결과들은 욕이 내 건강을 상하게 할 수도 있다는 것을 보여 주는 증거입니다. 우리는 건강한 삶을 살기 위해서라도 욕을 해서는 안 돼요.

욕은 인격에 문제가 있다는 것을 드러내는 말일 뿐이야

사람들은 다른 사람이 말하는 것을 보고 그 사람의 됨됨이에 대해 평가합니다. 말할 때의 태도는 어떠한지, 어떤 말투를 쓰는지에 따라 가깝게 지내며 사귀어도 될지, 믿고 일을 맡겨도 될지 등을 판단하지요. 사람들은 왜 말하는 것을 보고 그 사람에 대해 판단할까요? 어떤 말을 하는지 보면 그 사람을 알 수 있기 때문입니다. 욕을 쓰는 사람은 인격에 문제가 있다는 것을 드러내는 셈이지요.

중국 춘추 시대의 사상가 공자는 말을 조심하는 것이 우리 삶에서 얼마나 중요한지 기회가 있을 때마다 강조했다고 합니다. 그는 "말과 행동에 따라 삶이 빛날 수도, 나락으로 떨어질 수도 있다. 말과 행

동은 세상을 움직이는 근거이니 반드시 조심해야 한다. 군자가 하는 말이 선하면 천 리 밖에서도 응하며, 선하지 않으면 천 리 밖에서도 어긴다."라고 이야기했다고 해요.

말은 생각과 감정을 표현하는 수단이기 때문에 그 사람이 평소 쓰는 말을 살펴보면 어떤 생각을 갖고 있고 어떤 태도로 세상을 살아가는지를 알 수 있습니다. 욕을 자주 쓰는 사람이 다른 사람을 배려하고 어른을 공경하는 예의 바른 사람으로 보이지는 않겠지요?

화가 나거나, 당황하거나, 놀랐을 때 욕을 하지 않고도 얼마든지 다른 표현으로 자기 마음을 전달할 수 있습니다. 그런데도 욕을 사용하는 것은 그 사람이 인격적으로 문제가 있고 폭력적인 성향을 갖고 있다는 것을 드러내는 일일 뿐이에요. 욕을 쓰는 사람은 인성이 좋지 않은 사람, 교육을 제대로 받지 못한 사람으로 보일 확률이 높습니다. 따라서 훌륭한 사람이라는 평가를 받고 싶다면 욕을 사용하지 않도록 주의해야 합니다.

욕으로 다른 사람들에게 상처를 주면 안 돼

스트레스를 풀기 위해 욕을 사용한다는 사람들도 있어요. 물론 욕을 하면서 분노를 분출하고 나면 스트레스가 풀릴 수도 있습니다. 하지만 나의 스트레스를 풀 수 있다는 이유로 다른 사람이 상처를 받아도 되는 걸까요? 나의 자유 때문에 다른 누군가가 피해를 보는 상황을 나 몰라라 하는 것은 무책임한 태도입니다.

우리 교실에 자기가 힘들 때마다 욕을 쓰는 친구가 있다고 생각해 보세요. 그리고 그 친구는 "욕을 하는 것은 내 자유야. 이건 그냥 내 마음을 풀려고 하는 말이야."라고 말한다고 생각해 봅시다. 욕을 한 친구는 마음이 풀렸을지 모릅니다. 그러나 욕설을 듣는 친구들의 마음은

어땠을까요? 친구들이 상처받거나 불쾌하지 않았을까요?

　다양한 사람들이 함께 어울려 살아가는 사회에서는 여러 가지 문제가 발생하기 마련입니다. 청소 당번을 정하는 사소한 일에서 국가의 정책을 정하는 큰일까지 사람들의 입장이나 원하는 바가 달라 다툼이 일어날 수도 있지요. 어떤 상황이 문제라고 생각하거나 마음에 들지 않을 때마다 욕을 한다면, 사람들 사이의 관계가 건강할 수 있을까요? 오히려 욕을 들은 후에는 감정이 상해 쉽게 풀 수 있었던 일도 해결 방법을 찾기 어렵게 될 거예요.

　자유에는 책임이 따릅니다. 스트레스를 풀 자유만을 생각하고 다른 사람이 입을 상처를 무시하는 것은 잘못된 태도예요. 욕을 듣는 다른 사람들이 상처받지 않는다는 보장이 없기 때문에 우리는 욕을 해서는 안 됩니다.

찬성 힘든 상황에서 잠시나마 욕을 하고 나면 스트레스가 풀려. 쌓여 가는 스트레스를 풀지 못하면 병으로 몸이 아파질 수도 있고 더 폭력적인 행동을 하게 될 수도 있어. 하지만 어려운 일이 닥칠 때 욕을 하면서 스트레스를 풀고 나면, 우리는 또다시 일상을 열심히 살아갈 힘을 얻을 수 있어. 욕에는 더 나쁜 행동이나 부작용을 막아 주는 긍정적인 기능이 있다고. 그러니 욕설을 사용해도 돼.

반대 욕을 하면서 분노를 분출하고 나면 스트레스가 풀릴 수도 있을 거야. 하지만 내 스트레스를 풀겠다고 다른 사람에게 상처를 줘도 되는 걸까? 나의 자유 때문에 다른 누군가가 피해를 보는 상황을 나 몰라라 하는 것은 무책임해. 스트레스를 풀 자유만 생각하고 다른 사람이 입을 상처를 무시하는 것은 잘못된 태도야. 욕을 듣는 사람들이 상처받지 않는다는 보장이 없기 때문에 욕을 하면 안 돼.

욕은 인격에 문제가 있다는 것을 나타내. 다른 표현으로 자기 마음을 전달할 수 있는데도 욕을 쓰는 건 인성이 좋지 않고 폭력적이라는 걸 드러내는 일일 뿐이야. 말에는 그 사람의 생각과 평소 태도가 담기기 마련이니까. 사람들과 좋은 관계를 유지하고 훌륭한 사람이라는 평가를 받고 싶다면 욕을 쓰지 말아야 해.

찬성 화가 나거나 당황했을 때 욕을 쓰는 것이 폭력적인 인성을 드러내는 일일까? 어떤 상황에서 누가 욕을 쓰느냐를 먼저 살펴보아야 폭력인지 아닌지를 알 수 있지. 힘없는 약자들이라면, 슬프고 고통스러운 처지를 속 시원하게 표현할 수 있는 방법이 바로 욕이야. 부정부패를 저지르고도 권력이나 돈으로 태연히 잘못을 덮는 사람들도 있는데, 힘없는 약자들이 욕도 하면 안 되는 걸까?

욕은 스트레스를 풀어 주고 더 나쁜 행동을 막아 주기 때문에 상황에 따라 욕을 쓰는 게 나쁜 것만은 아니야. 욕을 들을 만한 행동을 하는 것이 문제지, 욕 자체가 문제는 아니라고. 피해자가 뺑소니 운전자를 욕한다고 비난할 수 있을까? 욕을 하도록 원인을 제공하는 사람이 나쁘지, 피해에 대항하기 위해 욕을 하는 사람이 나쁜 것은 아니야. 잘못된 행동에 걸맞는 대응을 위해서라면 욕을 써도 돼.

반대 욕설을 쓰기보다는, 같은 내용이라도 예의바르게 표현하도록 노력해야 해. 말은 그 사람의 인격과 태도를 드러내 주기에 욕을 쓰면 인격에 문제가 있는 것으로 보일 수밖에 없어. 다양한 사람이 어울려 살아가는 사회에서는 여러 문제가 생기기 마련이야. 어떤 상황이 마음에 들지 않을 때마다 욕을 한다면, 사람들 사이의 관계가 건강할 수 있을까? 욕을 듣고 나면 감정이 상해서 쉽게 풀 만한 일도 해결하기 어렵게 될 거야. 문제 해결을 위해서라도 욕을 쓰면 안 돼.

생각더하기

1. 두 글에서 주장의 근거를 찾아 각각 요약해 봅시다.

"욕설을 사용해도 될까?"

	그렇다(찬성)	아니다(반대)
근거		

2. "욕설을 사용해도 된다."라는 주장에 대해 여러분은 찬성하나요, 반대하나요? 책에 나와 있는 내용 외에 주장을 뒷받침할 수 있는 근거를 더 찾아봅시다. 상대편의 주장을 어떻게 반박할지도 생각해 봅시다.

3. 욕설 말고도 학생들끼리 많이 쓰는 말로 '은어'가 있습니다. 은어는 어떤 집단 안에서 비밀스럽게 사용하는 말로 '꿀잼', '극혐' 같은 말이 그 예

입니다. 요즘 학생들이 많이 사용하는 은어를 조사해 봅시다. 그리고 주변 어른들께 은어를 아시는지, 은어에 대해 어떻게 생각하시는지 여쭈어 봅시다. 그리고 이러한 은어를 사용하는 것에 대해 나는 어떻게 생각하고 있는지 말해 봅시다.

학생들이 많이 사용하는 은어와 그 뜻

은어	뜻

은어에 대한 어른들의 생각

	뜻을 알고 있는 은어	은어에 대한 생각
엄마		

은어에 대한 나의 생각

어떤 경우에도 원칙은 지켜야 할까?

"
그래!
어떤 경우에도 원칙을 지켜야 해

아니야!
경우에 따라 원칙을 지키지 않아도 돼
"

생각 열기

딱딱해와 물렁해는 박물관에 가려고 지하철을 탔어요. 어제 저녁 나절까지 축구를 한 딱딱해와 물렁해는 다리가 무척 아팠지요. 박물관까지는 아직도 열 정거장이나 남아 있었어요. 빈자리를 두리번거리던 두 친구의 눈길이 향한 곳은 노약자석이었습니다. 물렁해는 딱딱해에게 말했어요.

"아무도 앉지 않았잖아. 우리 얼른 저기 앉아서 가자."

딱딱해는 대답했어요.

"물렁해, 저기는 노약자를 위해서 비워 둬야 하는 노약자석이야. 우리가 앉아 있으면 노약자들이 앉을 수가 없잖아. 앉지 않는 것이 좋을 것 같아."

물렁해는 대답했어요.

"앉아 있다가 노약자가 오면 양보하면 돼. 그게 여러 사람에게 이익이야. 왜 빈자리를 그냥 둬? 누군가라도 앉아서 가면 그게 더 이익 아니야? 원칙도 중요하지만 상황에 따라 바꾸는 것이 더 좋을 수도 있어."

딱딱해는 말했어요.

"노약자석은 노약자만 앉아야 하는 거야. 그렇기 때문에 미리 비워 둬야 하는 거고. 원칙은 지키라고 있는 거야. 필요에 따라 바꾸면 안 돼."

1. 딱딱해와 물렁해의 말 중 누구의 말에 더 공감이 가나요?

2. 생활하면서 원칙을 지켜야 하는지, 혹은 지키지 않아도 되는지 고민했던 적이 있었나요? 왜 그런 생각을 하게 되었나요?

"그래, 어떤 경우에도 원칙을 지켜야 해"

원칙을 지키지 않으면 피해를 보는 사람들이 생겨

우리는 반드시 원칙을 지켜야 합니다. 누군가 원칙을 어기면 아무 잘못도 없는 사람이 피해를 보기 때문입니다. 우리 주변에서 흔히 보이는 줄 서기를 예로 들어 봅시다. 놀이공원에서 한 시간도 넘게 기다려 드디어 내 차례가 되었는데, 누군가 새치기를 해서 다시 다음 차례를 기다려야 한다고 생각해 보세요. 짜증과 분노가 하늘을 찌르겠지요?

줄 서기는 먼저 와서 기다리는 사람이 원하는 물건이나 서비스를 먼저 얻을 수 있도록 하는 원칙이에요. 줄을 서지 않았다고 해서 법을 어기는 것은 아니지만, 사람들은 기다리는 시간을 공평하게 나누고자 줄을 섭니다. 화장실에서 줄을 서지 않거나 가게에서 앞 사람을 새치기해 물건 값을 계산한다면 줄 선 사람 모두를 바보 취급하는 거죠.

은행에서는 사람들이 줄을 서는 수고로움을 덜어 주기 위해서 번호표 기계를 사용하도록 하고 있어요. 번호표 기계는 먼저 온 사람이 먼저 서비스를 받는 원칙을 지키도록 해 줍니다. 이런 기계가 만들어진 까닭도 원칙이 깨져 피해를 입는 사람이 생기지 않도록 하기 위한 거예요.

교통 규칙은 어떠한가요? 길을 걷다 보면 횡단보도를 건너게 돼요. 초록색 불이 켜지면 사람들은 안심하고 길을 건넙니다. 사람들이 걷는 인도에 달린 신호등에 초록색 신호가 켜지면, 차도에 달린 등에는 빨간색 신호가 켜집니다. 차는 멈추고 사람이 건너라는 신호이지요. 만약 차가 교통 신호라는 규칙을 지키지 않는다면 어떻게 될까요? 교통사고가 일어나서 사람들이 다치거나 죽을 수도 있을 거예요.

이처럼 원칙을 지키지 않으면 다른 사람들이 피해를 입을 수 있어요. 작게는 시간적인 손해나 불편한 마음에 그치겠지만, 크게는 돈이나 생명을 잃을 수도 있습니다.

원칙을 지키는 것이 더 이익이야

　사람들이 새치기를 하거나 남들 모르게 사소한 부정행위를 저지르는 이유는 그게 더 이익이 된다고 생각해서예요. 인간은 본능적으로 자신에게 이익이 되는 일을 하려고 하니까요. 그러나 오히려 원칙을 지켜야 나에게 이익이 돌아옵니다. 그래서 더 원칙을 지켜야 하지요. 왜 그럴까요?

　첫째, 원칙은 원래부터 더 많은 이익을 얻기 위해 생겨난 것이기 때문입니다. 원칙이란 사회의 구성원들이 다 함께 지키기로 약속한 규칙이나 법칙을 말해요. 다 함께 지켜야 할 원칙을 왜 만들었을까요?

　버스를 탈 때 우리는 순서대로 줄을 서서 앞문으로 타고 뒷문으로 내립니다. 이 원칙이 없으면 한꺼번에 우르르 몰려가 아무렇게나 타겠죠. 차들이 쌩쌩 달리는 위험한 도로에서 서로 밀고 당기느라 싸움이 일어날 테고, 누가 요금을 냈는지 안 냈는지 확인하느라 결국 버스는 한참 후에야 출발하게 될 것입니다.

　이처럼 원칙이 없으면 사람들 사이에 갈등이 생기고, 사회생활이 복잡하고 불편해지며, 큰 사고가 날 수 있습니다. 그러나 원칙을 지키면 버스는 안전하고 빠르게 출발할 수 있습니다. 다툼이 없어지고 골고루 혜택을 누리니 모두에게 이익이 되지요.

　둘째, 원칙을 지키는 사람이 당장은 손해를 보는 것 같지만, 멀리 내다보면 결국 이익을 얻을 수 있습니다. 시험 볼 때를 생각해 보세

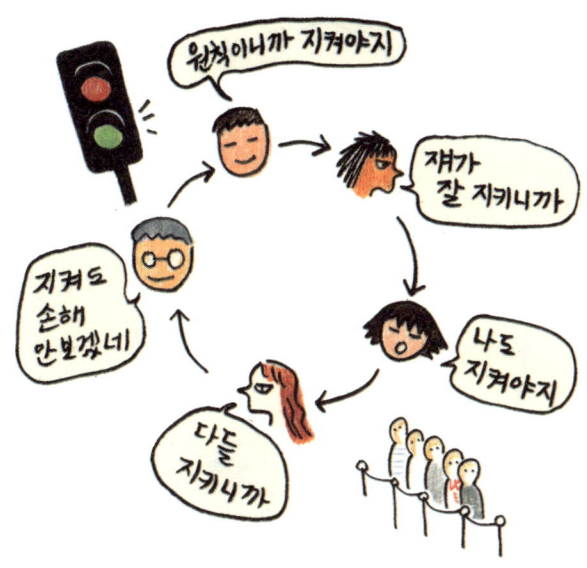

요. 친구의 답안지를 슬쩍 보고 베낀다면 더 나은 점수를 얻을 수는 있을 거예요. 그렇지만 그 성적이 과연 자신의 실력일까요?

'다른 사람의 시험지를 훔쳐보면 안 된다.'라는 원칙을 지키는 학생이라면, 모르는 문제가 나왔을 때 그 문제를 틀릴 수도 있을 거예요. 낮은 점수를 받으면 당장은 속상할 수도 있겠지요. 하지만 내가 무엇을 모르는지 확인하고 그 부분을 더 공부할 수 있으니, 나의 실력을 높일 수 있습니다. 이처럼 원칙을 지키는 사람이 당장은 손해를 보는 것처럼 느껴질 수도 있지만, 멀리 내다보면 결국 이익을 얻을 수 있습니다. 당장 눈앞의 이익을 위해 원칙을 어기는 것은 나에게 도움이 되지 않아요.

그래서 우리는 학교에 갈 때 등교 시간을 지키고 교실에서 뛰지 않습니다. 정해진 날짜에 재활용 쓰레기를 버리고, 공공장소에서는 시끄럽게 굴지 않고 우측통행을 하는 등 공중도덕을 지키고요. 매일의 삶 속에서는 거짓말이나 도둑질을 하지 않고 다른 사람에게 폭력을 쓰지 않지요. 그러면 모두가 편안하고 즐겁습니다. 크고 작은 원칙을 지키며 사는 것이야말로 올바른 삶, 행복한 삶을 사는 가장 확실한 방법이에요.

깨진 유리창 효과가 나타날 수 있어

원칙을 고집하는 것이 비효율적이라고 말하는 사람들도 있을 거예요. 차가 다니지 않는 횡단보도에서 길을 건너거나 아무도 없는 노약자석에 앉는 것처럼, 바쁘고 피곤한 현대 사회에서는 융통성 있게 생활하는 것이 효율적이라고 할 수도 있겠지요. 문제는 한 사람이 원칙을 지키지 않는다면 그 행동을 여러 사람이 반복하다가 아무도 원칙을 지키지 않게 될 수도 있다는 거예요.

'깨진 유리창 이론'이라는 말을 들어 본 적이 있나요? 사소한 것들을 방치하면 더 큰 문제가 될 수 있다는 심리학 이론이에요. 만일 길거리에 있는 가게에 어떤 사람이 돌을 던져 유리창이 깨졌다고 생각해 보세요. 깨진 유리창을 그대로 두면 그다음부터는 훨씬 더 큰 피해를 입을 수도 있습니다.

휴지통이 설치되지 않은 곳에 쓰레기를 버리지 말아야 한다는 원

칙도 마찬가지예요. 휴지통이 아닌 곳에 한두 명이 쓰레기를 버리기 시작하면, 사람들은 '이렇게 해도 되는 곳인가 봐.' 하는 생각에 너도나도 쓰레기를 버리게 됩니다.

이처럼 때에 따라 원칙을 지키지 않아도 된다고 생각하는 소수의 사람 때문에 모두 원칙을 지키지 않는 무질서한 사회가 될 수 있어요. 그러면 결국 모두가 피해를 입게 되겠지요. 내가 원칙을 지키지 않으면 다른 사람이 피해를 보고, 다른 사람이 원칙을 지키지 않으면 내가 피해를 봅니다. 2004년에 노벨 경제학상을 받은 미국의 프레스콧 교수도 효율을 높이기 위해서는 일관성 있고 신뢰할 수 있는 준칙이 가장 중요하다고 말했습니다. 원칙을 지키는 것이 가장 효율적인 방법이라는 것이지요. 따라서 어떠한 경우에도 원칙은 지켜져야 합니다.

"아니야, 경우에 따라 원칙을 지키지 않아도 돼"

원칙만 강조하는 것은 비효율적이야

융통성이란 형편이나 경우에 따라서 일을 이리저리 막힘없이 잘 처리하는 재주나 능력을 말해요. 만약 융통성 없이 원칙 지키기에만 집착한다면 우리는 큰 손해를 보게 될 거예요.

노약자석을 예로 들어 볼게요. 빈자리인 노약자석에는 지금 아무도 앉아 있지 않습니다. 회사에서 밤늦게까지 일을 해서 피곤한 성실해 씨가 지하철에 탔다고 생각해 보세요. 성실해 씨는 노약자석에 앉으면 안 되는 것일까요?

노약자가 아직 타지 않았는데 피곤한 사람이 노약자석에 앉는 것

까지 막는 것은 효율적이지 않습니다. 잠시 앉아 있다가 노약자가 타면 자리를 양보하면 되니까요. 그러면 성실해 씨도 일정 시간 동안 편리하게 의자를 이용할 수 있고, 나중에 탄 노약자도 이용할 수 있게 되어 모두에게 이익입니다.

또 다른 예를 들어 볼까요? 우리나라에는 장애인고용의무제도가 있지요. 장애인을 배려하기 위해 회사 사장님들이 의무적으로 장애인을 뽑아야 하고, 그렇지 않으면 벌금을 내야 하는 제도입니다.

기업이 사회를 위해 좋은 일을 해야 한다는 원칙은 정말 훌륭합니다. 하지만 몸이 불편한 장애인이 할 수 있는 일은 제한되어 있어요. 게다가 한국노동연구원이 조사해 보았더니 회사에서 일을 할 수 있는 장애인이 그렇게 많지도 않았습니다. 그런데도 무조건 장애인을 고용해야 하고 아니면 벌금을 내야 하니, 기업에 큰 부담이 될 뿐이지요. 차라리 장애인이 실제로 일할 수 있는 회사를 만들고 지원하는 게 더 낫지 않을까요?

이처럼 한 가지 원칙만 고집하기보다는 상황에 따라 원칙을 바꾸어 가며 적용하는 것이 여러 가지 측면에서 이익을 가져올 수 있습니다. 지나치게 규칙을 중시하다 보면 손해를 볼 수도 있어요. 때로는 이익에 맞게 원칙을 바꿀 필요도 있지요. 이때 이익은 편리한 시간일 수도 있고, 돈일수도 있을 거예요. 투자한 시간이나 돈에 비해 얼마만큼 많은 이익을 얻는지를 경제적인 원리로 따져 보면, 원칙만 고집하는 것은 비효율적입니다.

꽉 막힌 원칙은 더 큰 희생을 가져올 수도 있어

원칙주의자들은 반드시 원칙을 지켜야 피해를 막고 더 큰 이익을 얻을 수 있다고 주장하지만, 현실은 그렇지 않습니다. 우리는 살아가며 다양한 환경과 상황에 놓일 수 있어요. 그리고 그때마다 원칙보다 더 중요한 것들이 있습니다.

구급차나 소방차는 1분 1초를 다투는 매우 급한 상황에서 출동합니다. 구급차가 생명이 위험한 환자를 옮기거나 소방차가 불이 더 이상 번지지 않도록 끄는 것은 아주 긴급한 일이지요. 다른 차의 운전자들은 소방차나 구급차 운전자들에게 우리와 같은 교통 규칙에 따라 운전하라고 하기보다는, 최대한 빨리 이동할 수 있도록 배려하고

양보합니다. 이런 상황에서 원칙만 강조한다면 더 큰 희생이 뒤따를 수 있으니까요.

사람들은 사회적 약자를 위해 자발적으로 원칙을 지키지 않기도 해요. 화장실에 줄을 설 때 어린이에게 양보하는 경우를 예로 들 수 있지요.

원칙대로라면 나중에 줄을 선 어린이는 차례가 되어서야 화장실을 사용할 수 있을 거예요. 그렇지만 신체적으로 아직 덜 성숙한 어린이들을 위해 어른들은 '줄을 선 순서대로 이용한다.'라는 원칙을 지키지 않는 것이지요. 만약 원칙을 지켰다가는 용변을 참기 힘든 아이들이 큰 곤란을 겪으니까요.

원칙을 지키는 것은 중요합니다. 그러나 어떤 경우에도 무조건 원칙을 지켜야 한다면 차라리 원칙이 없는 게 나을지도 몰라요. 옛날 중국 춘추시대 노나라에 미생이라는 젊은이가 살았습니다. 약속과 규칙을 지키는 걸 자랑으로 삼고 살아가는 우직한 청년이었지요.

어느 날 미생은 사랑하는 사람과 다리 밑에서 만나기로 약속했는

데, 갑자기 폭우가 쏟아져 강물이 불어났습니다. 지나가던 사람이 위험하다고 말려도 미생은 약속을 지켜야한다며 다리 기둥을 잡고 피하지 않다가 그만 물에 빠져 죽고 말았어요.

이 일로 미생지신(尾生之信)이라는 말이 생겨났지요. 융통성 없이 원칙만 지키다가는 큰 희생을 가져올 수 있다는 걸 경고하는 이야기입니다.

사회적 약자

여자라는 이유로 남자보다 월급을 적게 받거나, 장애인이라는 이유로 버스에 탈 수 없다면 어떨까요? 사회적 약자는 신체나 문화적인 특징 때문에 차별받거나 영향력을 발휘하기 어려운 사람들을 말해요. 어른보다는 어린이, 남성보다는 여성, 비장애인보다는 장애인이 사회적 약자라고 할 수 있어요.

원칙보다 중요한 것은 바른 마음가짐이야

많은 친구들이 음악 듣는 것을 좋아할 거예요. 이어폰으로 듣는다고 해도 음량을 올리면 어쩔 수 없이 음악 소리가 새어 나갑니다. 그런데 문제는 사람들이 이 소음을 듣기 싫어한다는 데 있어요. 특히 지하철에서 음악을 듣는 옆 사람 때문에 괴롭다는 사람이 많지요.

어떻게 하면 될까요? 지하철에서 음악을 듣지 못하게 하는 규칙을 만들어야 할까요? 노약자석처럼 음악을 들을 수 있는 칸을 따로 만들어야 할까요? 아니죠. 사람이 많은 곳에서는 다른 사람을 배려해 음량을 낮추고, 사람이 적으면 음량을 높여 마음껏 음악을 즐기면 됩니다. 남에게 피해를 줄 수 있는 일을 무조건 규칙과 원칙으로만 해결하려 하면 아마 우리는 수백 수천 가지 규칙에 둘러싸여 꼼짝도 하지 못할 거예요.

원칙의 잣대를 들이대기 전에 도덕적으로 바른 마음가짐을 갖추는 것이 더 중요해요. 예를 들어 누구나 노약자에게 자리를 양보하는 것이 옳다는 생각을 가지고 있다면, 잠시 앉아 있다가도 노약자를 발견했을 때 얼른 일어날 테니까요. 그러니 어떤 사람이 노약자가 없는 상황에서 자리에 앉아 있다고 해서 그 사람을 무조건 비난해서는 안 됩니다.

원칙은 결국 함께 살아가는 많은 사람들이 서로에게 피해를 주거나 받지 않기 위해서 만드는 거예요. 피해를 보는 사람이 없는데도 단지 원칙대로 행동하지 않았다는 이유만으로 누군가를 비난하고 처벌하는 것은, '원칙을 위한 원칙'을 강요하는 것일 뿐이지요. 사람들의 사정이나 상황을 살펴보지 않고 원칙만 강조하기보다는, 사회의 구성원 모두가 다른 사람을 배려하는 마음가짐을 가질 수 있도록 노력하는 것이 우선이에요. 원칙은 그 다음에 융통성 있게 지켜도 충분합니다.

찬성 원칙은 어떤 경우에도 꼭 지켜야 해. 원칙은 여러 사람이 함께 어울려 살아가는 사회를 유지하기 위해 필요한 거야. 내 이익만 추구하려고 원칙을 지키지 않으면 피해를 보는 사람이 생기기 마련이니까. 내가 줄서기라는 원칙을 지키지 않으면 미리부터 줄을 서 있던 앞 사람은 시간을 낭비한 셈이 되잖아.

반대 원칙이 피해를 줄이기 위해 필요하다고 하지만, 때로는 꽉 막힌 원칙이 더 큰 피해를 불러일으킬 수도 있어. 1분 1초를 다투는 상황에서 소방차나 구급차를 운전하는 사람에게 일반 운전자들처럼 교통 신호를 지키라고 한다면 어떻게 되겠어? 생명이나 재산처럼 우리 삶에서 중요한 것을 지키려면 때로는 융통성을 발휘해야 해.

게다가 원칙만 강조하는 것은 비효율적이야. 빈 의자에 피곤한 사람이 앉아 있다가 노약자가 탈 때 양보한다면, 피곤한 사람도 노약자도 함께 의자를 이용할 수 있으니까 모두에게 이익이잖아. 한 가지 원칙만 고집하기 보다는 상황에 따라 원칙을 바꾸어 적용하는 것이 더 많은 사람에게 이익을 가져다줄 수 있어.

찬성 그래, 원칙을 지키는 것이 때로는 비효율적인 것처럼 느껴질 수도 있을 거야. 하지만 효율만 강조하면서 경우에 따라 원칙을 바꾸다가는 모두가 원칙을 지키려 하지 않을 수도 있어. 깨진 유리창 효과를 생각해 봐. 노약자가 탔을 때 한 사람이 '나 하나쯤 양보하지 않으면 어때.' 하고 원칙을 지키지 않으면, 다른 사람들도 따라 하다가 결국 아무도 원칙을 지키지 않는 사회가 될 수도 있다고.

원칙은 모든 사람에게 공평한 혜택을 주기 위한 거야. 원칙이 없다면 특정한 사람들만 혜택을 받는 불공정한 사회가 될 테니까. 누군가가 피해를 보지 않고 모두가 함께 어울려 살아가기 위해서 원칙은 꼭 필요해. 또 당장은 손해를 보는 것처럼 느껴져도, 멀리 내다보면 원칙을 지키는 것이 이익이야. 친구 것을 베껴서 당장 점수를 잘 받을 수는 있어도 그게 내 실력이 되는 것은 아니잖아. 원칙을 지켜야 공평한 사회가 될 수 있고, 결국에는 그게 나한테도 이익이야.

반대 원칙만을 따지다가는 오히려 큰 피해가 발생할 수 있어. 게다가 피해를 보는 사람이 없는 데도 원칙대로 행동하지 않았다는 이유만으로 비난하는 것은 '원칙을 위한 원칙'을 강요하는 것일 뿐이야. 사람들의 상황을 살펴보지 않고 원칙만 강조하기보다는, 사회 구성원 모두가 다른 사람을 배려하는 마음가짐을 갖는 것이 더 먼저가 아닐까? 원칙은 그 다음에 융통성 있게 지켜도 충분해.

생각더하기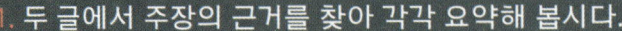

1. 두 글에서 주장의 근거를 찾아 각각 요약해 봅시다.

"어떤 경우에도 원칙은 지켜야 할까?"

	그렇다(찬성)	아니다(반대)
근거		

2. "어떤 경우에도 원칙을 지켜야 한다."라는 주장에 대해 여러분은 찬성하나요, 반대하나요? 책에 나와 있는 내용 외에 주장을 뒷받침할 수 있는 근거를 더 찾아봅시다. 상대편의 주장을 어떻게 반박할지도 생각해 봅시다.

3. 다음과 같은 상황에서는 원칙을 지켜야 할까요? 아니면 융통성을 발휘해야 할까요? 여러분의 생각을 말해 보고 친구와 의견을 나누어 보세요.

■ 산골 마을에 사는 고등학생들은 도시에 사는 학생들에 비해 질 높은 교육을 받을 기회가 부족하다. 대학 입학시험은 무엇보다 공정해야 하니까 이런 학생들도 다른 학생들과 똑같은 조건으로 시험을 치러야 할까? 아니면 이 학생들의 어려운 교육 환경을 고려하여 시험을 볼 때 가산점(추가 점수)을 주는 것이 옳을까?

■ 공중화장실에서 줄을 서 있는데 네다섯 살 정도 되어 보이는 어린 아이가 들어왔다. 이 아이도 혼자서 화장실을 이용할 수 있는 나이이니 똑같이 줄을 서게 해야 할까? 아니면 어린 아이이므로 배려하는 입장에서 화장실을 먼저 쓰라고 양보해야 할까?

■ 큰 병원의 엘리베이터는 항상 환자들과 병문안을 온 방문객들로 복잡하다. 환자의 이동이 편리하도록 병원의 엘리베이터는 환자만 타도록 정하는 것이 옳을까? 방문객도 엘리베이터를 탈 권리가 있으니 엘리베이터를 함께 이용하도록 하는 것이 옳을까?

친구의 잘못을 선생님께 말씀드려도 될까?

"

그래!
친구의 잘못을 선생님께 말씀드려도 돼

아니야!
친구의 잘못을 선생님께 말씀드리면 안 돼

"

생각 열기

　일일이와 하나도는 같은 반 친구예요. 방과 후에 교실 앞을 지나던 일일이와 하나도는 반에서 가장 힘이 센 친구인 최고야가 약골로 소문난 나약해를 마구 때리며 욕하는 모습을 보았어요. 일일이와 하나도는 깜짝 놀랐습니다. 최고야와 일일이 그리고 하나도는 같은 아파트 같은 동에 살아서 평소에 무척 친하게 지냈거든요.

　가끔 말다툼을 한 적은 있어도 서로 주먹다짐까지 한 적은 한 번도 없었는데, 일일이와 하나도는 최고야의 이런 모습이 너무나 낯설었어요. 게다가 나약해가 일방적으로 당하고 있는 것처럼 보였으니까요. 일일이는 하나도에게 말했습니다.

　"선생님께 얼른 말씀드리자. 최고야가 나약해를 너무 심하게 때렸어. 이건 선생님도 아셔야 해."

　하나도가 대답했어요.

　"일일아, 최고야와 나약해가 화해하도록 그냥 두자. 친구의 잘못을 고자질하는 것은 의리 없는 행동이야. 그러다가 우리가 최고야랑 멀어지게 될 수 있어. 최고야는 우리랑 가장 친한 친구잖아."

　일일이가 말했어요.

　"우정도 중요하지만 친구의 잘못을 말하는 것은 용기 있는 행동이라고 생각해. 그리고 어린이보다는 어른들이 더 현명하게 해결해 주시지 않을까?"

1. 일일이와 하나도의 말 중에 더 공감이 가는 말은 누구의 말인가요?

2. 생활하면서 친구의 잘못을 선생님께 이야기해야 할까, 하지 말아야 할까 고민했던 적이 있나요? 왜 그런 생각을 했나요?

"그래, 친구의 잘못을 선생님께 말씀드려도 돼"

어린이는 미성숙하니까 어른들의 지도를 받아야 해

친구를 때리거나, 욕을 하거나, 복도나 교실에서 뛰어다니는 등 많은 친구들이 하루에도 여러 가지 잘못을 저지릅니다. 친구들이 잘못된 행동을 한다면 우리는 당연히 선생님께 말씀드려야 해요. 왜냐면 선생님은 교실의 유일한 어른이시기 때문입니다.

어린이는 어른에 비해서 상황을 판단하는 능력이 부족합니다. 그래서 학교에서는 선생님이 우리를 가르치시고, 집에서는 부모님이 우리를 키워 주시지요. 어린이가 스스로 잘못을 알고 고칠 수 있다면 우리를 돌봐주는 어른들이 필요하지 않을 거예요.

일상생활에서 어린이는 어른에 비해 모든 일을 자기중심적으로 생각하기 쉽습니다. '어린이'라는 낱말을 살펴보아도 잘 알 수 있어요.

15세기 『훈민정음』에 등장한 '어린 백성'이라는 말이 어린이의 어원이라고 할 수 있습니다. 이때까지 '어리다.'의 의미는 '어리석다.'라는 것이었어요. 그러다가

1923년 우리나라 최초로 어린이를 위해 만들어진 잡지 <어린이>

16세기부터 '나이가 적다.'라는 뜻 또한 포함되게 되었지요. 즉, 예로부터 나이가 적은 아이들은 어리석을 수도 있다고 본 것입니다.

미국의 콜버그라는 심리학자는 8~11세의 어린이들이 옳은 행동이 무엇인지를 결정하는 기준은 자신이 원하는 것을 얻느냐, 못 얻느냐에 따른다고 보았어요.

예를 들면 '나는 저 친구의 색연필이 갖고 싶어. 그러니까 빼앗아도 괜찮아.'라고 생각한다는 것이지요. 그러나 어른의 나이가 되는 18세에서 25세 무렵에는 사회의 법과 질서를 중시하게 된다고 해요. 또한 25세가 지나면 다른 사람에 대한 배려심을 갖게 될 정도로 성장

한다고 했습니다. 따라서 어린이는 성숙한 어른의 지도를 받아야 합니다. 잘못을 저지른 어린이라면 더더욱 어른의 지도가 필요하겠지요. 그렇기 때문에 친구의 잘못은 선생님께 말씀드리는 것이 좋습니다.

잘못된 것을 말하는 것은 정의롭고 용기 있는 행동이야

사회에서는 잘못된 행동을 경찰이나 주민 센터, 구청 등에 신고할 수 있어요. 왜 신고를 할까요? 한 사람의 잘못이 많은 사람에게 피해를 줄 수 있기 때문입니다. '정의'라는 말의 뜻을 알고 있나요? 정의란 '사회나 공동체를 위한 옳고 바른 도리'를 뜻해요. 정의는 잘못된 문제를 알아내고 고치는 것에서부터 시작되지요.

친구의 잘못을 그냥 덮어 두지 않는 것 역시 정의로운 행동입니다. '생각열기'에 나온 최고야의 잘못을 선생님께 말씀드리는 것도 우리 반을 위해 옳은 일입니다. 최고야의 잘못이 고쳐지지 않는다면 나약해 말고도 더 많은 친구들이 맞을 수 있고, 학급 분위기가 나빠질 수도 있으니까요. 또 다른 친구들까지 덩달아 힘이 약한 친구는 때려도 된다고 생각할 수 있지요.

 이처럼 잘못을 바로잡지 않는다면 같은 잘못이 반복되어 여러 사람이 피해를 입을 거예요. 친구의 잘못을 선생님께 말씀드리는 것은 우리 반 모두에게 이익을 가져다주기 때문에 정의로운 행동입니다.

 또한 친구의 잘못을 말하는 것은 용기 있는 행동이에요. 잘못을 저지르는 친구들 중에는 힘이 약하거나 온순한 친구보다는 힘이 세고 자기주장이 강한 친구들이 많아요. 그러니 선생님께 말씀드렸다가 보복당하면 어떻게 하나 고민하게 되지요. 그럼에도 불구하고 선생님께 말씀드리려면 큰 결심이 필요하겠지요?

 더구나 요즘 사람들은 나와 관계없는 일에는 관심을 갖지 않아요. 여러분은 '방관자 효과'라는 말을 들어보았나요? 방관자란 어떤 일에 나서지 않고 옆에서 구경만 하는 사람을 말해요.

 방관자 효과란 누군가를 도와야 할 때 주변에 사람이 많으면 많을수록 오히려 그 사람을 돕지 않게 되는 심리를 가리킵니다. '내가 아니라도 누군가 돕겠지.' 하는 생각, '다들 가만히 있는데 내가 나서면 나를 이상하게 바라볼지도 모른다.'라는 생각이 방관자 효과를 만들어 내지요.

 이런 마음속 무관심과 두려움을 극복하고 친구의 잘못을 선생님께 말씀드리는 것은 정말로 정의롭고 용기 있는 행동입니다.

고자질은 나쁜 일이 아니야

친구의 잘못을 선생님께 말씀드리는 건 고자질이고, 고자질은 비겁하고 나쁜 짓이라고 말하는 사람들이 있습니다. 실제로 많은 친구들이 고자질쟁이로 찍혀 비난받을까 봐 선생님께 말씀드리는 것을 망설이지요.

우리나라 사람들은 다른 사람의 잘못을 남에게 이르거나 신고하는 일을 나쁘게 생각합니다. 친구의 잘못된 행동을 말씀드렸는데 잘못한 친구를 혼내는 게 아니라 고자질을 했다고 도리어 나를 야단치는 어른들도 있으니까요.

그러나 고자질은 나쁜 행동이 아니라 좋은 행동이에요. 선진국일

수록 오히려 고자질을 권장합니다. 왜 고자질을 권장하느냐고요?

사람들이 숨겨진 잘못과 위험을 신고하면 할수록 부정부패와 폭력이 줄어들어 사회가 더 안전해지기 때문입니다. 그래서 많은 나라에서는 아동 학대를 보고도 신고하지 않는 사람을 처벌하고 있어요. 위험에 처한 사람을 돕지 않거나, 구조 요청을 하지 않아도 처벌받지요. 우리나라에서도 이제는 아동 학대를 보고도 신고하지 않으면 벌금을 내야 합니다. 이처럼 고자질이야 말로 건강한 사회를 만들기 위한 행동인 것입니다.

친구를 진정으로 위하는 길이야

친구의 잘못을 선생님께 이야기했다가 자칫 우정이 깨질까 봐 걱정할 수도 있어요. 하지만 친구의 잘못을 덮어 주는 것이 과연 진정한 우정일까요?

친구가 횡단보도의 신호를 지키지 않고 제멋대로 건넌다고 생각해 봅시다. 친구에게 직접 말해도 충고를 듣지 않을 수 있어요. 이런 경우라면 생명을 좌지우지하는 무척 큰 잘못이라고 할 수 있지요. 그냥 지켜만 보다가는 친구의 안전이 위험해질 수 있습니다.

학교 폭력도 마찬가지입니다. 폭력을 휘두르는 친구를 그냥 둔다면 많은 친구들이 몸과 마음에 피해를 입을 수 있어요. 처음 친구를 때렸을 때 선생님께 말씀드려 지도를 받는다면, 잘못을 저지른 친구

도 반성하고 관계를 회복할 기회를 얻을 수 있을 거예요.

『우리들의 일그러진 영웅』이라는 소설에서 주인공 한병태는 아이들에게 마음대로 권력을 휘두르는 반장 엄석대에게 반항합니다. 한병태는 엄석대의 잘못을 선생님께 말씀드리지만, 선생님은 믿지 않으시지요. 왜 그러셨을까요?

한병태를 제외한 다른 아이들 모두가 엄석대가 두려워서, 또 고자질쟁이가 되는 것이 싫어서 엄석대에게 아무 잘못이 없다고 했기 때문입니다. 학년이 바뀌고 새로운 선생님이 오신 뒤에야 엄석대의 잘못이 밝혀졌어요. 세월이 흘러 어른이 된 어느 날, 한병태는 수갑을

차고 경찰에 끌려가는 엄석대와 마주칩니다. 만약 친구들이 모두 용기를 내어 엄석대의 잘못을 선생님께 말씀드렸다면, 아마 엄석대의 인생은 달라졌을 거예요.

  친구의 잘못을 알리는 것은 그 친구의 미래를 생각하고 바른 길로 나아가도록 돕는 일입니다. 결국 우정을 지키기 위한 방법이지요. 따라서 우리는 친구의 잘못을 선생님께 말씀드려야 합니다.

"아니야, 친구의 잘못을
선생님께 말씀드리면 안 돼"

사소한 잘못이라면 말씀드릴 필요가 없어

교실에서는 하루에도 수많은 일이 일어납니다. 칭찬할 만한 일들도 있지만 말다툼을 하거나, 양보를 하지 않거나, 교실에서 뛰어다니는 등 잘못이라고 지적할 만한 일도 많아요. 학교가 어린이집도 아니고 유치원도 아닌데, 우리가 그 많은 일들을 다 선생님께 말씀드려야 할까요?

『큰일이 아니면 일러바치지 마라』라는 동화책 이야기를 해 볼게요. 맥닐 선생님 반의 새끼 돼지 19명은 하나같이 일러바치기를 좋아하지요.

"피터가 내 꼬리를 잡아당겼어요!"

"레이철이 형광펜을 가져가서 돌려주지 않아요!"

"프랭키가 수키에게 뚱뚱보라고 했어요."

"로비가 날 때렸어요!"

"조너선이 내 그림을 찢었어요!"

꼬마 돼지들이 너무 사소한 것들을 시시콜콜 일러바치자 맥닐 선생님은 새로운 규칙을 정합니다. 바로 '큰일이 아니면 일러바치지 마라.'입니다.

"일러바친다는 것은 남의 잘못이나 비밀을 어른에게 말하는 것을 뜻한단다. 너희들에게 생긴 문제는 대부분 너희들 스스로 해결할 수 있는 거야. 그러니 일러바치지 말고 너희들끼리 얘기하고 도와주렴."

여러분들은 꼬마 돼지도 아니고 유치원생도 아니에요. 아직 1학년이라면 꼬마 돼지들처럼 일러바칠 수도 있겠지요. 그러나 여러분은 어른들에게 알릴 필요가 있는 큰일과 여러분 스스로 해결할 수 있는 문제를 충분히 구분할 수 있어요. 사소한 잘못이라면 선생님께 말씀드릴 필요가 전혀 없습니다.

누구나 크고 작은 실수를 할 수 있어요. 교실에서 누군가 심하게 다쳐 병원에 가야 할 때처럼 큰 사고가 일어난다면, 당연히 선생님께 말씀드려야 하겠지요. 하지만 당장 어른들의 도움을 받아야 할 만큼 급한 일이 아니라면, 대부분의 문제는 친구들끼리 의논해 해결 방법을 찾는 것이 좋습니다.

고자질은 용감한 일도 정의로운 일도 아니야

선생님께 친구의 잘못을 말씀드리는 것을 용감하고 정의로운 행동이라고 주장하는 사람들이 있습니다. 그러나 일러바치는 행동은 고자질일 뿐입니다. 고자질이란 남의 잘못이나 비밀을 일러바치는 것을 말해요. 긍정적이거나 칭찬할 만한 일보다는 비겁하거나 나쁜 짓을 가리킬 때 쓰이곤 하지요.

고자질이 나쁘지 않다고요? 고자질을 해서 잘못을 바로잡으면 모두에게 이익이 되니 정의로운 행동이라고요? 그렇지 않습니다. 정의는 이익과 아무 상관이 없어요. 이런 말도 안 되는 주장을 하는 이유는 '고발'과 '고자질'을 구별하지 못하기 때문입니다.

우리가 사는 세상에는 지켜야 할 규칙들이 많아요. 누군가 그 규칙을 어기면 우리는 '잘못했다.'라고 말합니다. 그런데 규칙을 잘 살펴보면 크게 두 가지로 나눌 수 있어요.

첫 번째 규칙은 어린이건 어른이건, 한국 사람이건 중국 사람이건 미국 사람이건 사람으로 태어났다면 누구나 반드시 지켜야 하는 규칙입니다. 바로 거짓말 하지 않고, 도둑질 하지 않고, 살인과 폭력을 저지르지 않는 일입니다.

두 번째 규칙은 빨간 불에서는 멈추고 교실에서 뛰지 않고 영화관에서 스마트폰을 끄는 일처럼, 질서 있고 안전하게 살기 위해 사회 구성원들이 다 함께 약속한 규칙입니다. 물론 이런 규칙도 되도록 지켜야 하지만, 상황에 따라 지키지 못해도 악한 인간이 되는 것은 아니에요.

친구가 첫 번째 규칙을 어기면 반드시 선생님께 말씀드려야 합니다. 학교 밖에서 이런 사람을 만나면 반드시 경찰에 신고해야 해요. 이것을 고발이라고 합니다. 고발은 정의롭고 용감한 행동이지요. 그러나 친구가 두 번째 규칙을 어기면 선생님께 말씀드릴 필요가 없습니다. 교실에서 뛰는 것은 다른 친구들에게 방해가 되지만, 급하면 뛸 수도 있으니까요. 선생님께 혼나고 다음부터 조심하면 됩니다. 이런 일을 선생님께 말씀드리는 것이 바로 고자질이지요.

고자질이 환영받지 못하는 것은 서로서로 의심하고 감시하는 분위기를 만들기 때문이에요. 모두가 즐겁고 화목한 공동체를 원한다면, 고자질을 해서는 안 되겠죠. 지나치게 정의나 정직만 강조하다 보면 공동체가 깨질 수 있으니까요.

잘못은 스스로 깨달아야 더 잘 고칠 수 있어

선생님께 지도받는 것보다 친구가 조언을 해 주는 것이 행동을 고치는 데 더욱 도움이 됩니다. 사람은 누군가 명령하거나 무언가를 억지로 시키면 반감을 갖기 쉬우니까요. 공부를 막 하려고 하는데 부모님께서 공부하라고 말씀하시면, 갑자기 하기 싫어지기도 하잖아요. 왜일까요?

사람은 누구나 자신만의 생각이 있어요. 스스로 고민하고 결정할 때 그 일을 더 중요하게 여기고 소중히 생각하게 되지요. 또 친구와 의논하는 과정에서 더 나은 해결 방법을 찾을 수도 있습니다. 그러니 잘못을 한 친구도 선생님의 지도보다는 친구의 진심어린 조언을 듣고 자기 자신을 돌아볼 때 더 쉽게 행동을 고칠 수 있을 거예요.

누구나 잘못을 저지를 수 있습니다. 잘못을 저질렀다는 사실보다 중요한 것은 잘못을 고치는 것입니다. 선생님께 자신의 잘못이 알려지거나 같은 반 친구들이 모두 알게 될 경우 잘못을 저지른 친구는 심한 부끄러움을 느끼지 않을까요? 친구에게 부끄러움을 주는 행동이 옳은 행동은 아니지요.

'낙인 효과'라는 말을 들어 본 적 있나요? 어떤 사람이 규칙이나 법 등을 어겼을 때 그 사람을 나쁜 사람이라고 낙인찍으면, 그 사람은 변화하려고 노력하기보다는 결국 자포자기하고 범죄자가 되고 만다는 이론이에요. 예를 들어 어떤 아이가 한 번 어리석은 행동을 했다고 해서 주위에서 '바보'라고 낙인찍으면, 이 아이는 갈수록 의기소침해지면서 '나는 바보인가 봐.' 하고 의심하다가 진짜 바보가 될 수도 있다는 이야기지요.

> **낙인 효과와 피그말리온 효과**
> 범죄자라고 낙인찍으면 정말 범죄자가 될 수 있다는 '낙인 효과'와는 반대의 결과가 나타나는 경우도 있습니다. 바로 '피그말리온 효과'인데요. 다른 사람에게 긍정적인 기대를 받으면 그 기대에 따르려고 노력하게 되고, 실제로 긍정적인 결과가 나타나는 것을 가리키는 말이지요. 친구가 잘못을 했을 때에 "너는 달라질 수 있어."라고 이야기해 주면, 피그말리온 효과가 일어나지 않을까요?

친구의 잘못을 선생님께 알려 그 친구가 야단을 맞고, "쟤는 정말 나쁜 애야." 하고 다른 친구들의 손가락질을 받는다면 어떻게 될까요? 마음의 상처를 입은 친구가 '나는 어차피 나쁜 아이인 걸.' 하고 비뚤어져서 더 나쁜 길로 엇나가게 될 수도 있습니다.

친구 사이가 멀어질 수 있어

진정한 우정이란 무엇일까요? 내 결정이 친구에게 어떤 영향을 끼칠지, 내가 그 친구라면 어떤 마음일지 친구의 입장을 헤아려 본 뒤 행동하는 것이 진정한 우정입니다. 선생님께 말씀드리는 것이 친구의 미래를 위하는 일이라고 생각할 수도 있을 거예요. 그러나 친구가 정말 그것을 원할까요?

내가 친구의 잘못을 선생님께 말씀드렸다는 것을 만약 그 친구가 알게 된다면 기분이 어떨까요? 잘못이 드러나서 부끄럽고 화가 나지는 않을까요? 게다가 둘 사이를 소중하게 여기지 않아서 선생님께

말을 전한 것은 아닌가 하고 실망하게 되겠지요. 이런 일이 반복되다 보면 서로 사이가 멀어질 수도 있어요.

  우정을 지키려면 친구의 허물도 감싸 줘야 합니다. 옛 속담에 '어려울 때 친구가 진짜 친구'라는 말이 있어요. 이 속담은 친구가 어려운 일을 겪을 때 곁을 떠나지 않고, 그 일을 헤쳐 나가도록 돕는 친구가 진짜 친구라는 뜻을 담고 있지요. 잘못을 저질렀을 때 조언을 해 주고, 문제를 해결하도록 돕는 것도 친구 사이를 지키는 일이에요. 지나치게 정의나 정직만 강조하다 보면 가장 소중한 존재인 친구를 잃을 수도 있습니다.

  우리는 하루에 많은 시간을 친구와 함께 보냅니다. 친구는 우리에게 없어서는 안 될 소중한 존재이지요. 선생님께 정직하게 말씀드리는 것도 중요하지만, 친구들과 사이좋게 지내는 것도 중요해요. 친구를 잃고 외톨이가 된다면 학교에 다니는 즐거움도 재미도 없어질 테니까요. 따라서 친구의 잘못을 선생님께 말씀드리지 말아야 합니다.

찬성 친구의 잘못을 선생님께 말씀드리는 것은 정의롭고 용기 있는 행동이야. 잘못된 행동을 바로잡지 않으면 같은 잘못이 반복되어 더 많은 친구들이 피해를 입게 될 테니까. 사회에서도 잘못된 행동은 경찰이나 주민 센터 등에 신고하게 되어 있잖아. 한 사람의 잘못이 사회 전체에 피해를 줄 수 있으니까. 정의는 이렇게 잘못된 문제를 알아내고 고치는 것에서부터 시작되는 거야.

반대 그래, 도둑질이나 살인처럼 엄청난 잘못을 세상에 알리는 것은 정의로운 행동이야. 그런 걸 두고 고발이라고 하지. 하지만 우리는 고발과 고자질을 구별해야 해. 교실에서 뛰는 것처럼 사소한 일까지 선생님한테 말씀드려야 할까? 고자질은 오히려 서로 의심하고 감시하는 분위기를 만들기 때문에 공동체에 도움이 안 돼.

우정을 지키려면 친구의 허물을 감싸줄 줄도 알아야 해. 내가 친구의 잘못을 선생님께 말씀드렸다는 걸 친구가 알게 되면 어떨까? 자기 잘못이 드러나서 부끄럽고 화가 나지 않겠어? 게다가 둘 사이를 소중히 여기지 않는다고 생각하고 실망할 거야. 친구가 잘못을 저질렀을 때는 옆에서 조언해 주고, 문제를 해결하도록 도와주면 돼.

반론하기

찬성 친구의 잘못을 이야기했다가 우정이 깨질까 봐 걱정할 수도 있어. 하지만 잘못을 덮어 주는 게 과연 진정한 우정일까? 친구의 잘못을 알리는 것은 그 친구의 미래를 생각하고 바른 길로 나아가도록 돕는 일이야. 처음 잘못을 저질렀을 때 선생님께 말씀드려 지도를 받는다면, 반성하고 달라질 기회를 얻을 수 있을 테니까. 결국 진정으로 친구를 위하는 길이라고 할 수 있지.

주장 다지기

방관자 효과를 생각해 봐. 잘못된 일을 목격할 때도 '다른 사람들이 나서겠지.' 하고 못 본 척하는 사람들이 많잖아. 이런 무관심이나 두려움을 극복하고 잘못된 행동을 세상에 알리는 건 칭찬할 만한 일이야. 숨겨진 잘못과 위험을 신고하면 할수록 사회가 더 안전해지니까. 친구의 잘못을 선생님께 말씀드리는 것이야 말로 친구를 위하는 일인 동시에 건강한 공동체를 만들기 위한 행동이라고.

주장 다지기

반대 내 결정이 친구에게 어떤 영향을 끼칠지, 친구가 어떤 마음일지 입장을 헤아려 본 뒤 행동하는 게 진정한 우정이야. 잘못을 선생님께 알려 친구가 야단을 맞고 손가락질을 받으면, 더 나쁜 길로 엇나가게 될 수도 있어. 그러면 친구에게도, 공동체에도 결국 좋은 결과를 가져오지 못하겠지. 그러니 선생님께 말씀드리기보다는 친구가 자신을 돌아볼 수 있도록 옆에서 조언해 주는 것이 옳아.

생각더하기

1. 두 글에서 주장의 근거를 찾아 각각 요약해 봅시다.

"친구의 잘못을 선생님께 말씀드려도 될까?"

	그렇다(찬성)	아니다(반대)
근거		

2. "친구의 잘못을 선생님께 말씀드려도 된다."라는 주장에 대해 여러분은 찬성하나요, 반대하나요? 책에 나와 있는 내용 외에 주장을 뒷받침할 수 있는 근거를 더 찾아봅시다. 상대편의 주장을 어떻게 반박할지도 생각해 봅시다.

3. 다음은 어느 교실에서 일어난 일들입니다. 선생님께 말씀드려야 하는지 아닌지 동그라미를 해 보세요. 그렇게 생각하는 이유도 함께 말해 보세요.

■ 서윤이가 숙제를 해 오지 않아서 아침 자습 시간에 서둘러 하고 있다.
➡ 선생님께 말씀드려야 한다. / 말씀드릴 필요가 없다.
왜냐하면 _____

■ 민준이가 쉬는 시간에 교실을 뛰어다니고 있다.
➡ 선생님께 말씀드려야 한다. / 말씀드릴 필요가 없다.
왜냐하면 _____

■ 혁재가 수민이에게 돈을 빌려달라며 협박하고 있다.
➡ 선생님께 말씀드려야 한다. / 말씀드릴 필요가 없다.
왜냐하면 _____

■ 소연이가 사물함 위에 올라가서 놀고 있다.
➡ 선생님께 말씀드려야 한다. / 말씀드릴 필요가 없다.
왜냐하면 _____

■ 상현이가 음악 시간에 리코더를 가져오지 않아서 옆 반 친구에게 빌려 왔다.
➡ 선생님께 말씀드려야 한다. / 말씀드릴 필요가 없다.
왜냐하면 _____

토론 한눈에 보기

"외모가 중요할까?"

사람은 외모가 중요해	사람에게 외모는 중요하지 않아
■ 외모는 사람을 평가하는 중요한 기준이다. 얼굴 표정, 몸매, 옷차림 같은 겉모습을 보면 성격이나 건강 상태, 취향 등의 정보를 알 수 있다. ■ 아름다운 외모는 사회생활에서 도움이 된다. 외모로 호감이 형성되면 맡은 일을 하는 데도 유리하다. 외모는 사회생활을 위한 경쟁력이다. ■ 아름다움을 추구하는 것은 사람의 본능이다. 고대 그리스나 조선시대의 예술 작품을 보면 사람들이 먼 옛날부터 아름다움을 추구해 왔다는 것을 알 수 있다. **반론** 외모를 중시하는 분위기 때문에 성형 수술이 늘어나고 화장품 등을 많이 쓰는 과소비가 문제라고 하지만, 외모 가꾸기는 사회에 이익을 가져다준다. 외모에 대한 관심으로 미용, 의류, 성형 산업 등이 발전하면 일자리가 늘어나 사회 전체의 발전으로 이어질 수 있다.	■ 외모는 능력과 상관이 없다. 체격이 좋고 얼굴이 잘생겼다고 어떤 능력이 뛰어난 것은 아니다. 노력으로 개발할 수 있는 능력과 달리 타고나는 외모로 사람을 평가하는 것은 차별이다. ■ 진정한 아름다움은 마음에 있다. 외모는 사람이 지니고 있는 특징 중 하나일 뿐이고 영원하지도 않다. ■ 외모에 대한 집착 때문에 성형 수술을 받거나 다이어트를 하다가 사망하기까지 하는 경우도 있다. 외모지상주의는 건강을 해칠 수 있다. **반론** 아름다움을 추구하는 것이 사람의 본성이라고 이야기하지만, 아름다운 대한 기준은 시대에 따라 계속 변화하고 사회마다 다르다. 지금 우리가 알고 있는 아름다움에 대한 기준도 미디어에서 전달하는 정보에 의해 만들어진 것일 뿐이다.

"선의의 거짓말을 해도 될까?"

선의의 거짓말은 해도 돼	선의의 거짓말을 해서는 안 돼
■ 선의의 거짓말은 듣는 사람을 배려하기 위한 것이다. 선의의 거짓말을 건넴으로써 사람들과 좋은 관계를 유지할 수 있다. ■ 선의의 거짓말은 격려하고 용기를 북돋아 줘서 듣는 사람에게 여러 이익을 가져다준다. **반론** 사람들이 예로부터 정직을 중요하게 여겼다고 하지만, 만우절처럼 세계적으로 거짓말을 기념해 온 전통도 있다. 남에게 피해를 입히는 거짓말과 선의의 거짓말을 잘 구분하면 문제될 것이 없다.	■ 예로부터 정직은 사회를 유지하기 위해 지켜야 할 규범이다. 의도가 선해도 거짓말은 그 자체로 옳지 않다. ■ 상대방에게 무엇이 좋은 말인지 지레짐작으로 판단하는 것은 위험하다. 듣는 사람이 나중에 사실을 알게 되면 '선의'를 '악의'로 받아들일 수도 있다. **반론** 상대방에게 이익을 준다고 하지만, 선의의 거짓말로 잘못된 정보를 주면 그 사람에게서 선택의 기회를 빼앗는 셈이 되고 만다.

"욕설을 사용해도 될까?"

욕설을 사용해도 돼	욕설을 사용하면 안 돼
■ 욕으로 스트레스를 풀면 더 나쁜 행동을 막을 수 있다. 또다시 일상을 열심히 살아갈 힘도 얻을 수 있다. ■ 친구들 사이에서 가볍게 주고받는 욕은 감정을 솔직하게 표현하면서 속마음을 나눌 수 있게 해 준다. 서로 더 친근하게 느끼고 편안하게 어울릴 수 있다. ■ 욕은 가난하거나 권력을 갖지 못한 약자들이 현실의 고통과 아픔을 이겨 내도록 도와준다. **반론** 욕이 다른 사람을 비하하기 때문에 쓰면 안 된다고 하지만, 욕을 하도록 원인을 제공하는 사람이 문제이지 욕 자체가 문제인 것은 아니다. 부당한 일을 겪었을 때 욕을 하는 경우라면 잘못된 행동에 걸맞는 대응을 하는 것일 뿐이다.	■ 욕은 다른 사람을 비하하는 나쁜 뜻을 담고 있다. 욕은 상대방을 비웃고, 무시하고, 모욕하는 말이다. ■ 욕은 건강에 해롭다. 욕은 다른 단어보다 4배나 강하게 기억되며 분노, 공포 등과 관련한 '감정의 뇌'를 자극해 뇌에 상처를 준다. ■ 화가 나거나 당황스러울 때도 욕 말고 다른 표현으로 마음을 전달할 수 있다. 그런데도 욕을 하는 것은 인격에 문제가 있다는 것을 드러내는 일일 뿐이다. **반론** 욕을 하면서 분노를 분출하면 스트레스가 풀릴 수도 있다. 하지만 나의 스트레스를 풀 수 있다는 이유로 다른 사람들이 상처받는 것을 나 몰라라 하는 것은 무책임한 태도이다.

"어떤 경우에도 원칙은 지켜야 할까?"

어떤 경우에도 원칙을 지켜야 해

■ 원칙을 지키지 않으면 피해를 보는 사람들이 생긴다. 원칙은 여러 사람이 함께 어울려 살아가는 사회를 유지하기 위해 필요한 것이다.
■ 원칙을 지키는 것이 결국 나에게도 더 이익이다. 시험에서 친구 것을 베끼지 않으면 당장은 낮은 점수를 얻더라도 모르는 부분을 확인하고 보충해 진짜 실력을 높일 수 있다. 이렇게 크고 작은 원칙을 지키는 것이야말로 행복한 삶을 위한 방법이다.
반론 원칙을 지키는 것이 비효율적일 수도 있다고 하지만, 효율만 강조하면서 경우에 따라 원칙을 바꾸다가는 모두가 원칙을 지키려 하지 않을 수도 있다.

경우에 따라 원칙을 지키지 않아도 돼

■ 원칙만 강조하는 것은 비효율적이다. 한 가지 원칙만 고집하기 보다는 상황에 따라 원칙을 바꾸어 적용하는 것이 더 많은 사람에게 이익을 가져다줄 수 있다.
■ 피해를 보는 사람이 없는 데도 원칙대로 행동하지 않았다는 이유만으로 비난하는 것은 '원칙을 위한 원칙'을 강요하는 것일 뿐이다. 사회 구성원 모두가 다른 사람을 배려하는 마음가짐을 갖는 것이 더 중요하다.
반론 원칙이 피해를 줄이기 위해 필요하다고 하지만, 꽉 막힌 원칙은 더 큰 희생을 가져올 수도 있다. 생명이나 재산처럼 우리 삶에서 중요한 것을 지키려면 융통성을 발휘해야 한다.

"친구의 잘못을 선생님께 말씀드려도 될까?"

친구의 잘못을 선생님께 말씀드려도 돼

■ 어린이는 어른에 비해 판단 능력이 부족하다. 잘못을 저질렀을 때는 어른들의 지도를 받아야 한다.
■ 잘못된 것을 말하는 것은 정의롭고 용기 있는 행동이다. 잘못된 행동을 바로잡지 않으면 반복되어 더 많은 친구들이 피해를 입게 된다.
■ 고자질은 나쁜 일이 아니다. 숨겨진 잘못과 위험을 신고할수록 사회가 더 안전해진다.
반론 우정이 깨질 수도 있다고 하지만, 친구의 잘못을 선생님께 말씀드리는 것은 친구의 미래를 생각하고 바른 길로 나아갈 수 있게 돕는 일이다.

친구의 잘못을 선생님께 말씀드리면 안 돼

■ 당장 어른의 도움을 받아야 할 만큼 급한 일이 아니라면, 친구들끼리 의논해 해결 방법을 찾을 수 있다.
■ 사람은 누군가 명령하거나 뭔가를 억지로 시키면 반감을 갖기 쉽다. 스스로 고민하고 결정할 때 그 일을 소중히 여기고 중요하게 생각한다.
■ 친구 사이가 멀어질 수 있다. 내가 친구의 잘못을 선생님께 말씀드렸다는 것을 친구가 알게 되면 둘 사이를 소중히 여기지 않는다고 생각할 것이다.
반론 고발은 사회에 도움을 줄 수도 있지만, 고자질과 고발을 구분해야 한다. 고자질은 서로 의심하고 감시하는 분위기를 만들어서 공동체에 도움이 되지 않는다.

교과서와 함께 봐요

차례	과목	학년	단원명
공통	국어	5-1	5. 글쓴이의 주장
	국어	5-1	6. 토의하여 해결해요
	국어	5-2	3. 의견을 조정하며 토의해요
	국어	5-2	6. 타당성을 생각하며 토론해요
	국어	6-1	4. 주장과 근거를 판단해요
1. 외모가 중요할까?	도덕	3	1. 나와 너, 우리 함께
	도덕	4	3. 아름다운 사람이 되는 길
	도덕	6	1. 내 삶의 주인은 바로 나
2. 선의의 거짓말을 해도 될까?	도덕	4	3. 아름다운 사람이 되는 길
	도덕	6	3. 나를 돌아보는 생활
3. 욕설을 사용해도 될까?	국어	5-1	1. 대화와 공감
	도덕	3	5. 함께 지키는 행복한 세상
	도덕	5	2. 내 안의 소중한 친구
	도덕	5	4. 밝고 건전한 사이버 생활
4. 어떤 경우에도 원칙은 지켜야 할까?	도덕	5	1. 바르고 떳떳하게
	도덕	6	4. 공정한 생활
5. 친구의 잘못을 선생님께 말씀드려도 될까?	국어	5-1	1. 대화와 공감
	도덕	5	5. 갈등을 해결하는 지혜

☀ 참고 자료

외모가 중요할까?
울리히 렌츠, 『아름다움의 과학』, 프로네시스, 2008년
데버러 L. 로우드, 『아름다움이란 이름의 편견』, 베가북스, 2011년
리지 벨라스케스, 『세상에서 가장 못생긴 여자』, 매일경제신문사, 2014년
미즈시마 히로코, 『나는 절대 외모에 집착하지 않는다』, 부광출판사, 2014년
어린이 10명 중 4명 "성공이란 남을 돕고 베푸는 것", 〈소년한국일보〉, 2014년 6월 11일
외모에 대한 심층 전화 면접, 〈제일기획〉, 2002년
다이어트를 하는 이유, 〈취업포털 커리어〉, 2015년

선의의 거짓말을 해도 될까?
이시이 히로유키, 『긍정적인 거짓말 콜드리딩』, 시공사, 2006년
파멜라 마이어, 『속임수의 심리학』, 초록물고기, 2011년
댄 애리얼리, 『거짓말하는 착한 사람들』, 청림출판, 2012년

욕설을 사용해도 될까?
홍자성, 『채근담』, 홍익출판사, 2005년
'욕', 해도 될까요?, 〈EBS〉, 2011년 10월 3일
욕의 반격, 〈EBS〉, 2013년 12월 11일
김열규 교수의 욕 철학, 〈부산일보〉, 2010년 3월 4일
당신의 말, 세상을 바꿉니다, 〈동아일보〉, 2014년 1월 1일
친구 깨문 지훈이… 왜 그랬을까, 〈동아일보〉, 2014년 7월 1일
재능교육 교육매거진 〈맘(Mom)대로 키워라〉, 2014년 3월호

어떤 경우에도 원칙은 지켜야 할까?
강준만, 『우리는 왜 이렇게 사는 걸까?』, 인물과사상사, 2014년
신정근, 『동양철학 인생과 맞장뜨다』, 21세기북스, 2014년
마이클 샌델, 『정의란 무엇인가』, 김영사, 2014년
「장애인 의무고용제의 합리적 운영방안」, 한국노동연구원, 2013년
물리학 낙제생에서 노벨 경제학상 수상자로, 〈대학신문〉, 2006년 9월 17일

친구의 잘못을 선생님께 말씀드려도 될까?
이문열, 『우리들의 일그러진 영웅』, 다림, 1998년
표창원, 『숨겨진 심리학』, 토네이도, 2011년
정우성, 『나는 아빠다』, 알마, 2013년
조정래, 『조정래의 시선』, 해냄, 2014년
지니 프란츠 랜섬, 『큰일이 아니면 일러바치지 마라』, 루크북스, 2009년
한국청소년정책연구원, 「한국청소년핵심역량진단검사」, 2010년
어린이집 폭행과 고자질, 〈JTBC〉, 2015년 1월 20일